《营运货车安全技术条件 第1部分：载货汽车》（JT/T 1178.1—2018）释义

交通运输部公路科学研究院　编著

人民交通出版社股份有限公司
China Communications Press Co.,Ltd.

内 容 提 要

本书详细说明了《营运货车安全技术条件　第 1 部分：载货汽车》（JT/T 1178.1—2018）标准制定的背景、目的及原则；阐述了标准条文的具体内涵、标准条款制定的技术依据、相关标准之间的差异、试验方法、指标限值要求以及标准实施规定等；在附件中给出了国内外货车安全法规/标准目录对照表，以便于读者更好地理解本标准相关内容。

本书可供交通安全、道路运输、车辆生产等各级管理部门，以及货车生产企业、道路运输企业、汽车检测机构、零部件制造企业和社会各界人士参考使用，可指导相关人员全面、准确理解标准内容，并正确、规范实施。

图书在版编目（CIP）数据

《营运货车安全技术条件　第 1 部分：载货汽车》（JT/T 1178.1—2018）释义/交通运输部公路科学研究院编著．—北京：人民交通出版社股份有限公司，2018.4

ISBN 978-7-114-14609-1

Ⅰ．①营…　Ⅱ．①交…　Ⅲ．①营运汽车—载重汽车—安全技术—技术条件—研究　Ⅳ．①U469.6

中国版本图书馆 CIP 数据核字（2018）第 057776 号

Yingyun Huoche Anquan Jishu Tiaojian Di 1 Bufen Zaihuo Qiche（JT/T 1178.1—2018）Shiyi

书　　名：**《营运货车安全技术条件　第 1 部分：载货汽车》**（JT/T 1178.1—2018）**释义**
著 作 者：交通运输部公路科学研究院
责任编辑：刘　博
责任校对：宿秀英
责任印制：张　凯
出版发行：人民交通出版社股份有限公司
地　　址：（100011）北京市朝阳区安定门外外馆斜街 3 号
网　　址：http://www.ccpress.com.cn
销售电话：（010）59757973
总 经 销：人民交通出版社股份有限公司发行部
经　　销：各地新华书店
印　　刷：北京市密东印刷有限公司
开　　本：720×960　1/16
印　　张：11.75
字　　数：144 千
版　　次：2018 年 4 月　第 1 版
印　　次：2018 年 4 月　第 1 次印刷
书　　号：ISBN 978-7-114-14609-1
定　　价：58.00 元

主　编：张红卫　高　博

成　员：董金松　区传金　张　浩　宗成强
李　强　张学礼　黄超智　张长禄
尹晓博　王国杰　王晓友　齐英杰

前言

改革开放以来，我国国民经济快速健康发展，人民生活水平日益提高，基础设施、工程建设和物流业振兴发展都对道路货物运输业提出了更加安全、高效的现实需求，对提高道路运输组织管理和运输车辆技术水平的呼声日益高涨，交通运输部适时提出了“综合、智慧、绿色、平安”四个交通的发展要求，并有计划地组织落实。近年来我国已成为世界货车制造大国，货车产销量稳居世界第一，货车产品为支撑我国物流行业及国民经济的持续健康发展做出了巨大贡献。但与此同时，货车生产行业产品本质安全性能不高，普遍存在车辆性能差、安全配置低、货物栓固技术要求欠缺等问题，造成货车肇事引发的道路运输交通事故依然高发，致使人民生命和财产的损失严重，影响了道路交通安全与通行效率，也与政府大力倡导、积极推动的现代交通业转型发展、交通强国建设极不相称。

为贯彻落实国务院赋予交通运输部拟订经营性机动车营运安全标准的工作职责，进一步加强营运车辆安全技术管理，提升营运车辆本质安全性能质量，有效遏制和减少因车辆本质安全性能不足导致的运输安全事故，切实保障人民群众生命财产安全，促进道路运输业健康持续发展，交通运输部高度重视、有序推进相关工作的开展。2016 年以来，交通运输部运输服务司、科技司结合道路运输行业发展现状和营运货车技术管理工作需要，借鉴营运客车安全达标准入管理经验，及时启动了交通运输行业标准《营运货车安全技术条件》的研究制定工作，由交通运输部公路科学研究院具体组织实施。实际工作中充分考虑我国车辆认证与使用管理制度现状，将营运货车类型划分要求、研究工作进展和行业管理需求相结合，经多方协调确定《营运货车安全技术条件》标准分为两个部分，第1部分适用于不带牵引功能的载货汽车，第2部分适用于牵引车辆与挂车。JT/T 1178.1—2018《营运货车安全技术条件　第1部分：载货汽车》（以下简称JT/T 1178.1标准）已于2018年2月26日发布，同年5月1日实施。

JT/T 1178.1标准在充分调研和分析营运货车道路交通安全事故与典型故障的基础上，既立足于行业发展现状与管理需求，又充分借鉴、吸收国外发达国家先进、成熟的技术，在国内现有相关强制性标准要求基础上，创新性地提出与我国营运货车设计生产能力、客户购买能力、关键技术装备成熟度、检测评价技术和道路条件等相适应的营运货车安全技术要求，并根据我国营运货车及零部件的相关技术、产品成熟度及安全重要性，提出分步实施的要求。该标准的实施，能促进我国营运货车行业整体设计、制造水平的提高，有利于营运货车安全技术管理的加强，进而有效降低因车辆本质安全性能不足造成的人员伤亡与经济损失。标准的实施对加快我国由货车生产大国向货车制造强国转变，早日实现交通强国具有划时代的历史意义。

为使标准使用者更好地理解JT/T 1178.1标准，交通运输部公路科学研究院组织编写了《〈营运货车安全技术条件　第1部分：载货汽车〉（JT/T 1178.1—2018）释义》。本书是在标准研究制定过程中大量市场调研、理论研究、技术开发、试验验证、实际操作的基础上，对JT/T 1178.1标准条文的具体内涵、标准条款制定的技术依据、相关标准之间的差异以及标准实施要求等进行了全面论述，可为交通安全、道路运输、车辆生产等相关管理部门，以及货车生产企业、道路运输企业、汽车检测机构、零部件制造企业、相关科研和教学单位和社会各界人士，全面系统了解我国营运货车安全技术要求提供帮助。

全书共分两章，由张红卫、高博担任主编，进行全文策划、技术指导、全文统稿。第一章介绍了标准制定的目的意义、编制原则及主要技术内容等总体情况，主要由董金松、区传金编写；第二章是《营运货车安全技术条件　第1部分：载货汽车》(JT/T 1178.1—2018)标准释义，对标准条款的内涵、制定依据和应用要求等进行了详细说明，主要由董金松、张浩、区传金、宗成强、李强、王国杰、王晓友、齐英杰、张学礼等编写。交通运输部公路科学研究院、国家机动车质量监督检验中心(重庆)、北京中公高远汽车试验有限公司、重庆车辆检测研究院有限公司、国家汽车质量监督检验中心(襄阳)、长春汽车检测中心、济南汽车检测中心有限公司、陕西汽车集团有限责任公司、庆铃汽车股份有限公司、东风商用车技术中心、汽车有限公司、安徽江淮汽车集团股份有限公司、上汽依维柯红岩商用车有限公司、四川现代汽车有限公司、中国重型汽车集团有限公司、北汽福田汽车股份有限公司、北京福田戴姆勒汽车有限公司、泰斯福德(北京)科技发展有限公司、蒂龙科技发展(北京)有限公司等单位的有关同志参加了JT/T 1178.1标准的研究制定工作，交通运输部科技司、运输服务司以及全国道路运输标准化技术委员会秘书处相关人员对JT/T 1178.1标准的制定工作提供了全方位的技术指导和服务，在此对所有参与相关技术研究，为本书编写提供支持、指导和帮助的领导、专家、工作人员一并表示衷心感谢！

由于作者水平有限，书中难免有疏漏与不足之处，敬请读者批评指正。

编写组

2018年3月

目录

第一章　标准制定总体情况

第一节　标准的制定目的

多年来,道路货物运输在综合交通运输体系中一直占据着十分重要的位置,在给全社会的生产生活带来极大便利的同时,也带来了诸多问题,尤其是频发的交通安全事故导致了大量人员伤亡与财产损失。依据《中华人民共和国道路交通事故统计年报》的相关数据,2011—2016 年共发生死亡 3 ~9 人较大级道路交通事故 525 起,导致死亡 2284 人、受伤 2654 人。其中营运货车肇事引发的交通事故 354 起,导致死亡 1513 人、受伤 1320 人,分别占相应事故与人员死伤总量的 67.4%、66.2% 和 49.7%。按照营运货车车辆类型统计,普通货车是肇事车辆的主要车型;按照事故车辆最终呈现形态统计,碰撞、追尾、侧翻是营运货车主要的交通事故形态。

为贯彻落实国务院赋予交通运输部拟订经营性机动车营运安全标准的工作职责,进一步提升营运车辆本质安全性能质量,有效遏制和减少因车辆本质安全性能不足导致的运输安全事故,促进道路运输安全形势持续稳定好转,交通运输部对于营运车辆本质安全高度重视,在 2017 年初发布实施《营运客车安全技术条件》(JT/T 1094)的基础上,结合前期已开展的一系列相关技术研究成果,于 2017 年 6 月以交科技函〔2017〕412 号文下达了《营运货车安全技术条件》标准制定计划,计划编号为 JT

2017-2。该标准性质为推荐性行业标准，标准的主管部门为交通运输部，归口单位为全国道路运输标准化技术委员会，由交通运输部公路科学研究院主持承担该标准的制定工作。

为适应当前车辆认证管理制度，应当对非牵引货车（除半挂牵引车和牵引货车外的载货汽车）、牵引车辆（半挂牵引车和牵引货车）和挂车等三个车辆单元单独进行安全准入管理，其中牵引车辆和挂车在满足牵引货车、挂车、单车安全技术要求的基础上还应满足汽车列车的相关匹配要求和行车安全技术要求。考虑到目前对汽车列车运行安全影响较大的横向稳定性以及操纵稳定性等方面，虽有测试方法但缺乏限值要求，摸清试验方法和数据需要进行大量的试验验证工作，经充分的研究讨论，决定根据车辆类型采用分别制定标准分步实施的策略，将标准分为两个部分：第1部分为载货汽车（半挂牵引车和牵引货车除外），第2部分为牵引车辆（包括半挂牵引车和牵引货车）与挂车，首先制定实施载货汽车安全技术标准，然后在此基础上制定牵引车辆与挂车安全技术标准。

第二节　标准的编制原则

编写组在标准编制过程中，以国内外现有相关技术法规与标准为基础，对与货运车辆本质安全相关的条目进行了系统的梳理，同时在几个不同的试验场地开展了大量的实车试验，对目前车辆安全技术水平有了较为充分的认识，并依据试验结果明确了标准中的相关限值、试验方法等，确保了标准的适用性以及可实施性。确定标准制定的基本原则为立足行业、吸收先进、切实可行、敢于创新和分步实施。

1. 立足行业

以广泛调研为基础，通过对营运货车道路交通安全事故与典型故障的统计分析，掌握货运车辆实际运行所暴露出的主要安全问题，坚持问题导向，并从行业管理与引导发展的角度出发，有针对性地提出我国营运货车安全技术要求，切实提高营运货车的本质安全性，降低营运货车交通事故发生的概率，减少事故造成的生命及财产损失。

2. 吸收先进

在标准制定中对于所提出的评价指标、限值要求、测试方法以及安全装置要求，既要立足于国内车辆技术发展与需求现状，又要积极与国际标准和车辆实际技术水平接轨，在最大程度上对标国际先进技术，显著提升营运货车安全技术水平，适应引导货运需求。

3. 切实可行

营运货车安全技术评价项目与指标既要体现行业管理的现实需求与发展方向，又要与当前我国营运车辆设计生产能力、用户购买能力、关键技术装备成熟度、测试评价技术和道路条件等方面相适应，并经过全面充分的分析、验证，确保标准技术内容的科学性与合理性，确保标准能够保质保量地实施，真正发挥标准引领与规范行业发展的作用。

4. 敢于创新

对于没有参照系但又是当前急需解决的营运货车安全问题，以及对于虽有参照系但却受限于当前技术条件与测试场地条件的问题，敢于创新，先行先试，以科学的态度并在不降低安全要求的基础上，采取替代手段或变通、调整测试方式予以解决。

5. 分步实施

营运货车不仅包括载货汽车，实际运行中还包括由牵引车与挂车组成的汽车列车，构成形式多样，车型配置更为复杂。因此，根据实际情况，先易后难，制定成系列标准，按照营运货车车辆类型与技术要求的复杂性，采取分步实施的策略，降低标准制定与实施的风险程度，在非牵引类载货汽车安全标准先行实施的基础上，后续实施牵引车与挂车安全标准和达标车型管理工作，确保营运货车安全管理工作的有效、稳步推进。与此同时，根据产品技术成熟度，在标准具体条款实施时间上，设置了相关的标准实施过渡期。

第三节　标准的主要技术内容

标准共有9个章节及4个规范性附录、1个资料性附录，其中第1章为范围，第2章为规范性引用文件，第3章为术语和定义，第4章为整车，第5章为制动系统，第6章为安全防护，第7章为载荷布置标识与系固点，第8章为报警与提示，第9章为标准实施的过渡期，附录A为汽车爆胎应急安全装置性能要求和试验方法，附录B为车辆直角弯道通过性试验方法，附录C为驾驶室结构强度试验方法和生存空间检验用人体模型要求，附录D为载荷布置标识曲线绘制，附录E为车辆系固点的数量、安装位置和强度要求。

标准的主要技术内容为第4章至第8章等5个章节，其中第4章整车要求有10个条款，第5章制动系统要求有11个条款，第6章安全防护要求有8个条款，第7章载荷布置标识与系固点要求有3个条款，第8章报警与提示要求有2个条款。针对营运货车产品的生产使用管理现状及典型问题，为强调重点、确保实效，标准的34个条款要求中，现有强制性标准检验要求再次强调有9条，现有强制性标准检验要求加严有10条，新增加的相关技术要求有15条。

第二章 《营运货车安全技术条件 第1部分：载货汽车》(JT/T 1178.1—2018)释义

第一节 范　　围

本节对该标准的主要内容和适用领域予以规定，明确了标准应用范围。

1　范围

JT/T 1178 的本部分规定了载货汽车的整车、制动系统、安全防护、载荷布置标识与系固点、报警与提示等安全技术要求和试验方法。

本部分适用于 N_1 类、N_2 类和 N_3 类的载货汽车，不适用于牵引货车和半挂牵引车。

条文释义

“范围”是标准的规范性一般要素，同时也是一个必备要素。每一项标准都应该有范围部分，同时应位于每项标准正文的起始位置，是标准的第1章。由于标准的相关规定都会有一定的局限性，只在规定的范围和特定的领域内才具有适用性。

从实际运行的状态来看，营运货车可以分为单体货车(载货汽车)和汽车列车两大类，汽车列车根据组成方式不同可以分为牵引杆挂车列车、中置轴挂车列车和铰接列车，具体如图2-1所示。

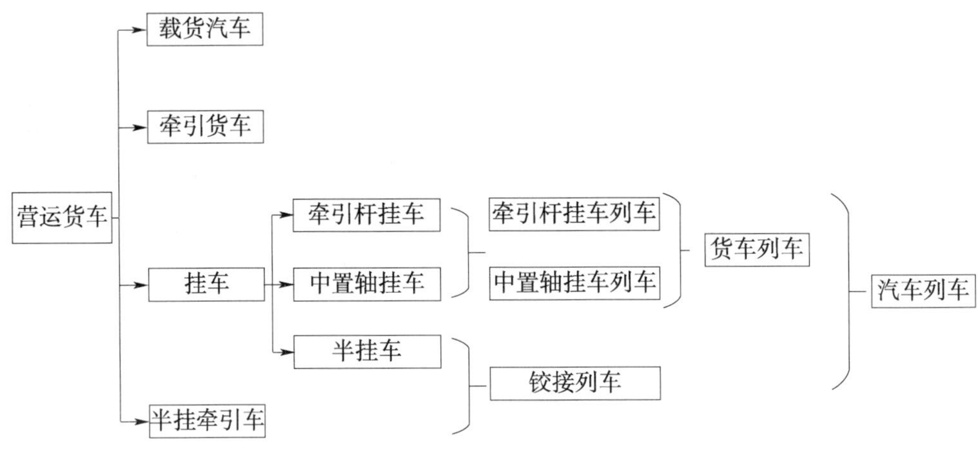

图2-1　营运货车类型划分

目前我国车辆技术管理针对的是具体车型，对组成汽车列车的牵引车辆和挂车执行单独检测认证，车辆管理模式与欧美等国家和地区基本相同，但检测要求却有较大差异，这与我国安全、高效的运输需求以及甩挂运输与多式联运等运输组织方式发展不相适应。因此，应对载货汽车（非牵引货车）、牵引车辆（半挂牵引车和牵引货车）和挂车等三个车辆单元进行独立的安全达标管理，其中牵引车辆和挂车的技术要求包括单体车辆和汽车列车两部分内容。考虑到目前对汽车列车运行安全影响较大的横向稳定性以及操纵稳定性等方面的试验方法和指标限值需要进行大量的试验验证工作，本着科学求实、成熟先进、分步实施的态度，经过充分论证，将标准分为两个部分：第1部分为载货汽车，不包括半挂牵引车和牵引货车；第2部分为牵引车辆（包括半挂牵引车和牵引货车）与挂车。首先制定实施载货汽车安全技术标准，然后在此基础上制定牵引车辆与挂车安全技术标准。因此在本标准的范围中应使用JT/T 1178的本部分而非本标准。

根据标准起草规定，一般应在标准中的规范性要求，将章的标题按照出现的顺序恰当、有机地编写到范围中。因此根据标准所确定的整车、制动系统、安全防护、载荷布置标识与系固点、报警与提示等方面的载货汽车安全技术要求与试验方法,确定标准范围的内容之一为"JT/T 1178 的本部分规定了载货汽车的整车、制动系统、安全防护、载荷布置标识与系固点、报警与提示等安全技术要求和试验方法"。

根据道路运输车辆管理的需要,将道路货物运输车辆分为载货汽车和牵引车辆与挂车两个部分,其中牵引车辆包括半挂牵引车和牵引货车,挂车包括牵引杆挂车、半挂车和中置轴挂车。本部分的要求与试验方法仅适用于普通的道路货物运输车辆,且不包括牵引车辆,也不包括挂车,因此确定本部分标准的适用车辆范围为不具有牵引功能的载货汽车,也就是不适用于牵引货车和半挂牵引车。

《机动车辆及挂车分类》(GB/T 15089—2001)定义 N 类车辆为:至少有四个车轮且用于载货的机动车辆,且根据最大设计总质量划分为 N_1 类、N_2类和 N_3类三种,具体划分见表 2-1。

GB/T 15089—2001 N 类车辆类型划分 表 2-1

车辆类型	N_1	N_2	N_3
最大设计总质量 GVW(kg)	$GVW \leq 3500$	$3500 < GVW \leq 12000$	$12000 < GVW$

《道路运输车辆技术管理规定》(交通运输部令 2016 年第 1 号)规定,道路运输车辆包括道路旅客运输车辆(以下简称客车)、道路普通货物运输车辆(以下简称货车)、道路危险货物运输车辆(以下简称危货运输车)。并未按照最大设计总质量的大小细分道路货物运输车辆。

《道理运输车辆综合性能要求和检验方法》(GB 18565—2016)定义道路运输车辆为获得道路运输许可,从事经营性道路客、货运输的车辆。亦未按照最大设计总质量不同对道路货物运输车辆进行划分。

为贯彻落实党中央、国务院关于维护道路货运行业健康稳定发展的重要部署,交通运输部等十四个部门印发了《促进道路货运行业健康稳定发展行动计划(2017—2020年)》(交运发〔2017〕141号),由交通运输部负责研究推动取消总质量4.5t及以下普通货运车辆道路运输证工作的实施,充分利用信息化手段、保险机制等,加强事中事后监管。相关工作正在积极推进,在相关法律法规未明确取消总质量4.5t及以下普通货运车辆办理道路运输证前,4.5t及以下普通货车进入道路运输市场时仍需满足本标准要求。

因此最终确定本标准的适用范围为“本部分适用于N_1类、N_2类和N_3类的载货汽车,不适用于牵引货车和半挂牵引车”。

本标准是道路运输管理机构发放载货汽车道路运输证时安全技术评价的主要依据,相关车辆制造企业和检测机构也应充分理解本标准并应用到产品设计生产与质量检测工作中,本标准也可用于道路货运企业的车辆选型与安全技术管理工作。

第二节　规范性引用文件

本节主要是对在本标准中引用的相关国家和行业标准进行说明。

2　规范性引用文件

下列文件对于本文件的应用是必不可少的。凡是注日期的引用文件,仅注日期的版本适用于本文件。凡是不注日期的引用文件,其最新版本(包括所有的修改单)适用于本文件。

GB/T 3730.1　汽车和挂车类型的术语和定义

GB/T 5922　汽车和挂车　气压制动装置压力测试连接器技术要求

GB/T 6323—2014　汽车操纵稳定性试验方法

GB 7258	机动车运行安全技术条件
GB/T 8170	数值修约规则与极限数值的表示和判定
GB 11551	汽车正面碰撞的乘员保护
GB 11567	汽车及挂车侧面和后下部防护要求
GB/T 12534	汽车道路试验方法通则
GB 12676	商用车辆和挂车制动系统技术要求及试验方法
GB/T 13594	机动车和挂车防抱制动性能和试验方法
GB/T 14172	汽车静侧翻稳定性台架试验方法
GB/T 15089	机动车辆及挂车分类
GB/T 17619	机动车电子电器组件的电磁辐射抗扰性限值和测量方法
GB/T 18655	车辆、船和内燃机 无线电骚扰特性 用于保护车载接收机的限值和测量方法
GB 19239	燃气汽车专用装置的安装要求
GB/T 22309	道路车辆 制动衬片 盘式制动块总成和鼓式制动蹄总成剪切强度试验方法
GB/T 22311	道路车辆 制动衬片 压缩应变试验方法
GB 26511	商用车前下部防护要求
GB 26512—2011	商用车驾驶室乘员保护
GB 28373—2012	N类和O类罐式车辆侧倾稳定性
GB 29753	道路运输 食品与生物制品冷藏车 安全要求及试验方法
GB/T 33577	智能运输系统 车辆前向碰撞预警系统 性能要求和测试规程
JT/T 230	汽车导静电橡胶拖地带
JT/T 719—2016	营运货车燃料消耗量限值及测量方法

JT/T 794	道路运输车辆卫星定位系统　车载终端技术要求
JT/T 882—2014	道路甩挂运输货物装载与栓固技术要求
JT/T 883	营运车辆行驶危险预警系统　技术要求和试验方法
JT/T 884	营运车辆抗侧翻稳定性试验方法　稳态圆周试验
JT/T 1046	道路运输车辆油箱及液体燃料运输罐体阻隔防爆安全技术要求
JT/T 1094—2016	营运客车安全技术条件
QC/T 480	汽车操纵稳定性指标限值与评价方法

条文释义

"规范性引用文件"是规范性一般要素，同时也是一个可选要素。在标准编写过程中，经常需要在条文中重复本标准的内容，有时需要编写的内容在现行其他标准中已经作了规定，并且这些规定也是适用于本标准的，因此可以重复其他标准中的内容，即不再抄录需要重复的具体内容，而是采用引用的方法进行。如果标准中有规范性引用的文件，则应以"规范性引用文件"为标题单独设为一章。

采用引用而非直接抄录的方法，可以避免标准间的不协调、避免标准篇幅过大以及避免抄录错误。根据引用性质的不同可以分为规范性引用和资料性引用。根据引用方式的不同可以分为注日期引用和不注日期引用。

注日期引用就是在引用时注明所引用文件的年号和版本号。凡是使用注日期引用的方式就是指明了所引用文件的版本，也就是所注日期版本的内容适用于本标准，该版本以后的修订版以及修改单都不适用本标准。对于提及了标准内容的具体编号和不能确定是否能够接受引用文件将来的所有变化的情况，应该使用注日期引用。

不注日期引用就是指在引用文件时不提及所引用文件的年号或版本号。凡是使用不注日期引用的方式,以后所引用文件无论如何更新,均是其最新版本。在标准中引用其他文件时,一般不推荐采用不注日期引用的方式,在以下两种情况下才可使用:

(1)规范引用时,可接受所引用文件将来所有的变化;

(2)资料引用时,不提及备用文件中的具体章、条、附录、图表的编号。

根据标准编写要求,引用文件应按照下列顺序进行排列:

(1)国家标准(含国家标准化指导性技术文件);

(2)行业标准;

(3)地方标准(仅适用地方标准的编写);

(4)国内有关文件;

(5)国际标准(含 ISO 标准、ISO/IEC 标准,IEC 标准);

(6)ISO、IEC 相关文件;

(7)其他国际标准以及其他国际有关文件。

同时,在标准编写时还应注意不要列入标准起草过程中依据或参考的文件,不要列入标准中资料性引用的文件,不要列入不能公开获得的文件,不要列入尚未发布的标准或尚未出版的文件。

根据标准研究编制工作的需要,根据以上原则将所有在标准中引用到的文件统一按照顺序排列而形成规范性引用文件。

本部分标准引用了 22 项国家标准、8 项交通运输行业标准、1 项汽车行业标准。这些标准的条文通过引用标准成为本标准的技术内容。考虑到所有标准都会被修订,因此标准使用者应特别注意应使用本标准标注日期/年代号的最新有效版本内容。本标准未注明日期以引用文件最新有效版本为准。

第三节　术语和定义

本节对标准涉及的营运货车名词术语进行定义，共1条内容。

3　术语和定义

GB/T 3730.1、GB/T 6323、GB/T 15089 和 GB 26512 界定的以及下列术语和定义适用于本文件。

3.1

营运货车　commercial vehicle for cargos transportation

用于营业性货物运输的汽车、半挂牵引车、牵引货车和挂车。

注：改写 JT/T 719—2016，定义3.1。

条文释义

"术语和定义"在非术语标准中属于可选要素，且以"术语和定义"为标题单独设立一章，并且在标准中是规范性技术要素。在标准中单独列出一章"术语和定义"，其目的就是必要时给标准使用者提供方便，如果没有这一章就需要在标准正文中随着相关术语和定义的出现进行解释，这些内容混在正文之中不易找到。如果将他们集中起来单独设为一章，并对每个"术语和定义"赋予条目和编号，则方便读者查找和标准的引用。术语和定义的表达形式和内容是相对固定的，形式就是"引导语＋清单"，清单的内容只表达每条术语及其定义。"术语和定义"一章在表述时需要引导语，如果只有标准中界定的术语和定义适用时，应使用"下列术语和定义适用于本文件"；如果除了标准中界定的术语和定义外，其他文件中界定的术语和定义也适用时，应使用"……界定的以及下列术语和定义适用于本文件"。

由于本标准是营运货车的安全类基础性标准,因此目前行业内关于机动车基本的类型划分和术语及定义标准均适用于本文件。《汽车和挂车类型的术语和定义》(GB/T 3730.1—2001)和《机动车辆及挂车分类》(GB/T 15089—2001)是工业和信息化部道路机动车辆生产企业及产品公告管理车型分类的基础性标准之一,上述标准也作为交通运输部车辆管理的技术文件之一,因此上述标准的术语和定义适用于本文件。车辆的横向稳定性和驾驶式结构安全强度是营运货车安全性能的重要指标,相关术语和定义较多且学术性较强,并在《汽车操纵稳定性试验方法》(GB/T 6323—2014)和《商用车驾驶室乘员保护》(GB 26512—2014)标准中已经进行了明确规定,因此上述标准中的术语和定义也适用于本标准。

如标准范围所述,本标准的适用对象主要是营运货车中的载货汽车,因此需要营运货车进行清晰明确的定义,避免与其他行业或其他标准出现冲突,从而使标准技术内容具有更强的针对性。

(1)《道路运输车辆技术管理规定》(交通运输部令2016年第1号)将道路运输车辆分为三类,即道路旅客运输车辆(以下简称客车)、道路普通货物运输车辆(以下简称货车)、道路危险货物运输车辆(以下简称危货运输车)。上述分类是从方便业务管理角度进行分类的,货车和危货运输车均属于道路货物运输车辆,也就是常说的营运货车,其中既包括载货汽车,也包括挂车。

(2)《道路运输车辆综合性能要求和检验方法》(GB 18565—2016,定义3.1)定义道路运输车辆为:获得道路运输许可,从事经营性道路客、货运输的车辆。与本标准所包含的道路货物运输车辆一致。

(3)《营运货车燃料消耗量限值及测量方法》(JT/T 719—2016,定义3.1)定义营运货车为:营运货车是指用于营业性货物运输的汽车和半挂牵引车(列车)、牵引货车(列车)。该标准条款将营运货车划分为汽车、半挂牵引车、牵引货车以及由半挂牵引车或牵引货车与挂车组成的汽车列车。此定义主要是从运输的角度，由于挂车无动力装置，不单独上路行驶，而以列车的形式实际运行、消耗能源，因此在定义中用汽车列车状态下的总质量来参与测试评价。但在营运货车安全达标管理中，半挂牵引车、牵引货车以及挂车虽然在实际使用过程中多以汽车列车的形式出现，但均是安全达标管理的单独对象，且车辆管理中允许牵引车辆牵引不同的挂车，无法将牵引车辆与挂车组合固定，因此所提出的列车性能要求是牵引车辆和挂车在进行试验时均应以列车的形式进行。《营运货车燃料消耗量限值及测量方法》（JT/T 719—2016，定义3.1）关于营运货车的定义不完全适用于本标准。

综上所述，为便于营运车辆技术管理的协调、统一、规范，将普通的单体货车（即本标准的第1部分所规定的载货汽车）作为一类进行明确，将半挂牵引车、牵引货车单独作为一种车辆类型进行规范。

第四节　整　　车

营运货车是道路货物运输企业的生产工具，本节开始针对当前营运货车生产和运输经营中的主要安全问题，以现行相关标准与管理要求为基础，从整车配置、性能要求等方面提出10项具体要求，以解决营运货车在动力储备不足、行驶稳定性不良、转弯通过性差、爆胎后方向失控以及车辆运行监管和冷链运输车辆要求等方面的短板问题。

4　整车

4.1　载货汽车（电动车辆除外）的比功率应大于等于6.0kW/t。

条文释义

本条款属于加严型性能类条款,是对载货汽车比功率的规定。

比功率是车辆的动力性指标之一,与车辆的最大总质量直接相关,比功率越大,车辆的动力性越好。由于中国具有较为复杂的地形与道路条件,车辆根据需要不仅要在平原地区行驶,也需要在高速公路和山区公路行驶。而常见满载车辆在上坡时行驶缓慢,就是车辆比功率较小所致,不仅降低了公路整体通行效率,而且也增加了超车会车的危险性。因此《机动车运行安全技术条件》(GB 7258—2017)中规定的最小限值5.0kW/t适用于所有机动车,但不能满足道路运输行业发展需求,需要在现有标准基础上提升车辆的比功率要求,以改善车辆动力性。

根据《道路运输车辆综合性能要求和检验方法》(GB 18565—2016)中汽车列车比功率要求,可计算出最小质量31t的汽车列车比功率限值为5.8kW/t;《城市物流配送汽车选型技术要求》(GB/T 29912—2013)中对城市物流配送车比功率要求最小限值为8.0kW/t,一般适用于厢式或封闭式货车。因此,营运货车的比功率限值在5.8~8.0kW/t可满足行业实际需求。

根据对9.17万个车型的公告数据进行的统计分析,将总质量在3001~4000kg范围内的载货汽车归为4000kg质量段,4001~5000kg范围内的载货汽车归为5000kg质量段,依次类推,得到如图2-2所示的质量分布,可以看出总质量在4001~5000kg的车型最多,占比为22.3%,其次为总质量在24001~25000kg的车型、30001~31000kg的车型、15001~16000kg的车型,分别占比为17.5%、16.3%、10.8%。

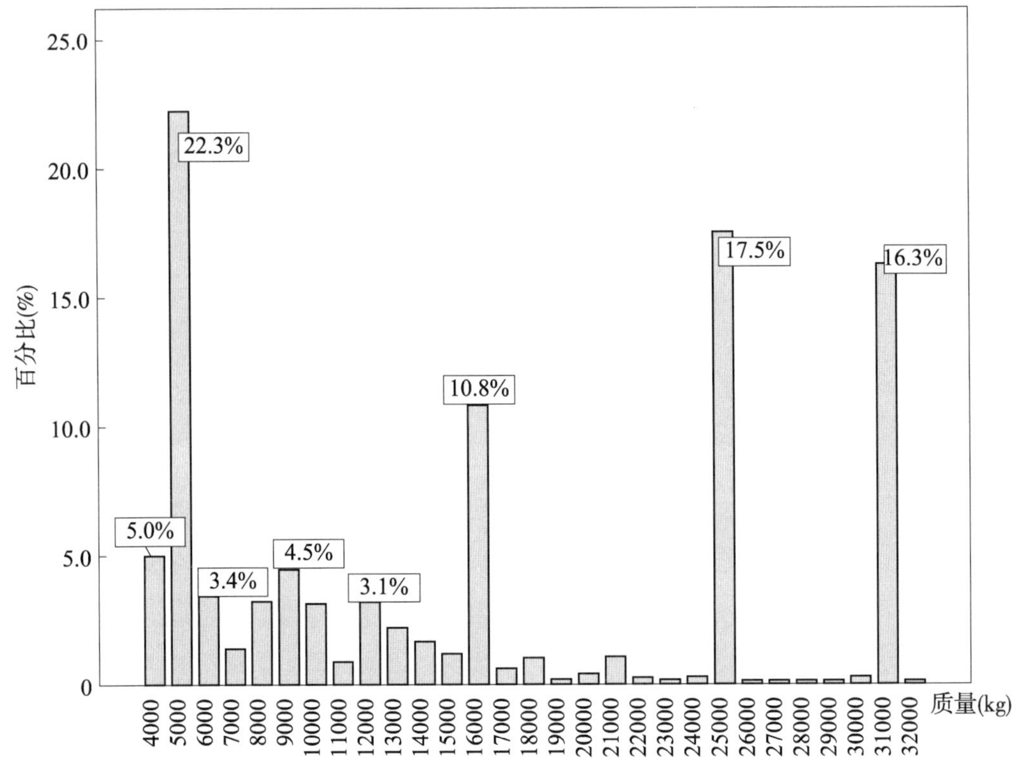

图2-2　总质量与比功率所占比重

在所有车型中,有0.27万个车型的比功率在6.0kW/t以下,按照比功率应大于等于6.0kW/t的要求,不满足率约为2.9%。其中4轴车辆共有1.52万个,比功率在6.0kW/t以下的约为0.09万个,按照比功率应大于等于6.0kW/t要求,不满足率约为5.9%。在2.04万个总质量在4001~5000kg的车型中,比功率最低为8.9kW/t(图2-3),因此其基本不受该条款影响。

在9936个15001~16000kg的车型中,有9585个车型满足比功率大于等于6.0kW/t的要求,不满足率为3.5%。

在16027个24001~25000kg的车型中,有14780个车型满足比功率大于等于6.0kW/t的要求,不满足率为7.8%。

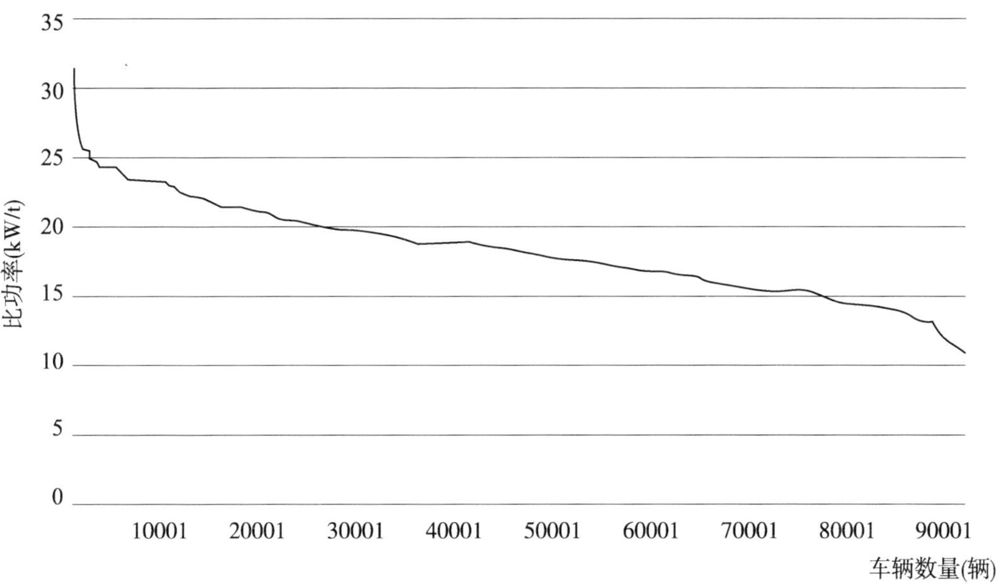

图 2-3 车辆数量与比功率值

在 14955 个 30001 ~31000kg 的车型中,有 14179 个车型满足比功率大于等于 6.0kW/t 的要求,不满足率为 5.2%。

从标准引领行业发展的角度,以及行业自身发展趋势看,提升车辆的动力性,优化车辆的动力传动系统匹配,势在必行。同时也兼顾了行业目前车辆现状,因此确定载货汽车的比功率应大于等于 6.0kW/t。

标准条文

4.2 载货汽车(罐式汽车除外)按照 GB/T 14172 规定的试验方法进行侧倾稳定性台架试验,其侧倾稳定角应符合以下要求:

——在空载、静态条件下向左侧和右侧倾斜的侧倾稳定角均应大于或等于 35°;

——在满载、静态条件下向左侧和右侧倾斜的侧倾稳定角均应大于或等于 23°,也可在企业规定的装载情况下按 GB 28373—2012 第 6 章规定进行模拟计算。

条文释义

本条款属于加严型性能类条款，是对载货汽车侧倾稳定性的规定。

静态侧倾稳定性是车辆的稳定性指标之一，主要考虑车辆空满载状态下车辆质心位置对车辆稳定性的影响，是影响营运货车运行安全性的重要指标之一。空载侧倾试验是按照《汽车静侧翻稳定性台架试验方法》(GB/T 14172—2009)规定的方法进行的试验。本条款与《机动车运行安全技术条件》(GB 7258—2017)的空载指标相比增加了满载要求，也更符合营运车辆的实际运行状态。相关限值是在现场试验的基础上，经过综合分析得出，约95%车辆能够满足侧倾稳定角大于等于23°的要求，该数值也是与罐式汽车的相关要求保持一致；所有的车型均能满足空载时侧倾稳定角大于等于35°的要求。试验结果受检验人员的经验影响较大，根据要求应该在车辆一侧所有轮胎离开试验台为止，在实际试验过程中则因经验和防护措施不足无法达到极限，在有一轴轮胎与试验台面接触力为零时即停止试验，因此应该有更多的验证车辆满足标准要求。

此外，由于试验载荷原因，检测机构测试时难以达到车辆生产企业的设计要求，因此，标准提出了可利用企业规定的装载条件进行仿真验证，方法可参照《N类和O类罐式车辆侧倾稳定性》(GB 28373—2012)第6章，原则上需要保证货物质心高度符合企业最恶劣装载情况时的设计值。

标准条文

4.3　载货汽车按照GB/T 6323—2014第10章的规定进行满载状态下的稳态回转试验，不足转向度应大于等于0°/(m/s^2)且小于等于1.0°/(m/s^2)。

条文释义

本条款属于加严型性能类条款，是对载货汽车不足转向特性的规定。

汽车行驶过程中开始转向时,因受向前行驶的惯性作用,汽车会对转向产生瞬时抵抗,便产生了轮胎侧偏角,即汽车行驶方向与车轮朝向所成的夹角。车轮的侧偏角除了由轮胎的侧偏特性造成外,还由悬架的结构因素所造成,例如悬架的刚度和几何特性等。如果前后轮侧偏角相等,则汽车实际转弯半径等于转向盘转角对应的转弯半径,称为中性转向;如果前轮侧偏比后轮大,汽车实际转弯半径大于转向盘转角对应的转弯半径,称为不足转向;如果后轮侧偏比前轮大,汽车实际转弯半径小于转向盘转角对应的转弯半径,称为过度转向。中性转向虽然能较好地利用侧向力(与车轮前进方向垂直的分量),达到最大的转向速度,但却削弱了驾驶员对汽车稳定的主观感觉,无法预计汽车的制动甩尾。而过度转向当车速达到某一极限时,转向半径会急剧减少,汽车会发生激转,致使操纵困难或失去操纵,甚至导致事故。不足转向产生相对较大的转向半径,侧向力减弱,汽车具有自动恢复直线行驶的良好稳定性,操纵容易。

《机动车安全技术条件》(GB 7258—2017)要求:汽车应具有适度的不足转向特性。这条要求仅从定性的角度对转向特性提出要求,没有明确具体的评价方法及限值,可操作性不足。本条款提出了营运货车不足转向特性的具体评价方法及限值:按《汽车操纵稳定性试验方法》(GB/T 6323—2014)进行稳态回转试验,不足转向度限值参照了《汽车操纵稳定性指标限值与评价方法》(QC/T 480—1999),规定不足转向度小于等于1.0°/(m/s^2),但增加了不足转向度大于等于0°/(m/s^2)的要求。根据《汽车操纵稳定性试验方法》(GB/T 6323—2014),汽车前后轴侧偏角偏差 $\delta_1-\delta_2$ 按式(2-1)进行计算:

$$\delta_1-\delta_2=57.3\cdot L\cdot\left(\frac{1}{R_0}-\frac{1}{R_k}\right) \tag{2-1}$$

式中:δ_1——前轴侧偏角,(°);

δ_2——后轴侧偏角,(°);

L——汽车轴距,m;

R_0——稳态回转试验初始半径,m;

R_k——第 k 点转弯半径,m。

不足转向时公式(2-1)中 R_k 应逐渐增大且始终大于等于 R_0,因此 $\delta_1-\delta_2$ 始终大于等于0°。不足转向度为前、后轴侧偏角差与侧向加速度关系曲线上侧向加速度值为 $2m/s^2$ 处的平均斜率(按纵坐标值除以横坐标值计算),而侧向加速度大于 $0m/s^2$,因此不足转向度应大于等于 $0°/(m/s^2)$。

参与验证试验的车型中,不足转向度试验数据的范围为(-0.46~1.59)$°/(m/s^2)$,其中70%的车辆能满足标准要求。

标准条文

4.4　载货汽车按照GB/T 6323—2014第5章的规定进行满载状态下的蛇形试验,其平均横摆角速度峰值应小于QC/T 480对应标桩间距和基准车速的下限值。

条文释义

本条款属于新增型性能类条款,是对载货汽车蛇形试验的规定。

蛇形试验的目的是考察车辆的瞬态行驶稳定性,对于评价车辆变道、超车工况的行驶稳定性能意义重大。目前乘用车新车定型试验规程对此项目有要求,乘用车主机厂在车型研发时也将蛇形试验作为操纵稳定性的基础测试项目,但以往货车行业对货车产品操纵稳定性不够重视,不仅新车定型试验规程中未要求蛇形试验项目,货车主机厂在产品开发、工程验证时也大多未开展相关试验。考虑到营运货车日常运营时行驶速度较快,路况及环境较为复杂,变道超车等驾驶行为也较频繁,因此需引入相应的试验项目来考核营运货车瞬态行驶稳定性的优劣。《汽车操纵稳定性试验方法》(GB/T 6323—2014)对货车的试验条件及方法进行规定:N_1类车型对应的标桩间距为30m,基准车速为65km/h;N_2类车型对应的标桩间距为30m,基准车速为50km/h;总质量≥15t的N_3类车型对应的标桩间距为50m,基准车速为60km/h;总质量≥15t的N_3类车型对应的标桩间距为50m,基准车速为50km/h。首次试验时,试验车速为基准车速的二分之一并四舍五入为10的整数倍,以该车速稳定直线行驶,在进入试验区段之前,记录各测量变量的零线,然后按图2-4所示路线蛇形通过试验路段,同时记录各测量变量的时间历程曲线及通过有效标桩间距的时间。逐步提高试验车速(车速间隔自行选择),重复上述试验过程,共进行10次(撞到标桩的次数不计在内),最高车速不超过80km/h。

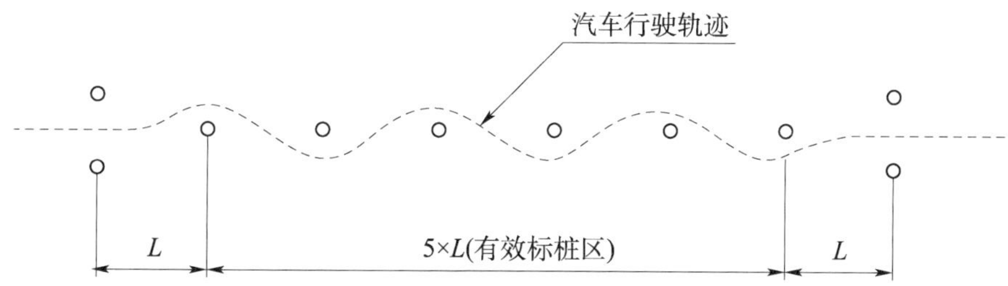

图2-4 蛇行试验桩距与行驶轨迹示意图

《汽车操纵稳定性指标限值与评价方法》(QC/T 480—1999)规定了蛇形试验的评价指标:平均横摆角速度峰值和平均转向盘转角峰值的下限值与上限值,以及综合计分方式。由于平均转向盘转角峰值主要由转向盘速比决定,对驾驶操作有一定影响,与车辆行驶稳定性相关性不大,故为方便评价起见,本标准仅要求平均横摆角速度峰值满足下限值的要求。参与验证试验的车型中,平均横摆角速度峰值试验数据的范围为(6.76~14.00)°/s,其中76%的车辆能满足标准要求。

4.5 载货汽车按照JT/T 884规定的方法进行满载状态下的抗侧翻稳定性试验,车辆质心处的向心加速度达到0.4g时车辆不应发生侧翻或侧滑。

条文释义

本条款属于加严型性能类条款，是对载货汽车抗侧翻稳定性试验的规定。

《道路运输车辆综合性能要求和检验方法》（GB 18565—2016）规定：N_2、N_3类货车满载条件下沿特定曲线匀速行驶，车辆质心处的向心加速度达到0.35g时，车辆不发生侧翻或侧滑，危险货物运输专用车辆以及罐式车辆应达到0.4g。按《营运车辆抗侧翻稳定性试验方法稳态圆周试验》（JT/T 884—2014）规定的方法进行试验。相比于《道路运输车辆综合性能要求和检验方法》（GB 18565—2016），本条款将载货汽车向心加速度的规定由0.35g提高到了0.4g，主要是为了提高车辆的抗侧翻稳定性要求。通过验证试验结果数据分析，车辆向心加速度范围在0.4～0.6g之间时，不发生侧翻或侧滑，均能达到限值要求，并与罐式车、危险货物运输车的要求保持一致，主要原因是其侧翻的危害性同样很大。《营运车辆抗侧翻稳定性试验方法稳态圆周试验》（JT/T 884—2014）规定了两种可选工况：

（1）定半径变车速试验：试验车辆以稳定的车速沿固定转弯半径的路线行驶，测量车辆转向时的稳态响应参数。在同一转弯半径路线条件下，由低到高选取不同车速进行试验，然后改变转弯半径重复试验，从而测得试验车辆的全部稳态转向响应特性。试验路线可以选取圆形路线或适当曲率的曲线段。试验路线应包含转弯半径为100m的标准路线，其他试验路线应包含转弯半径尽可能大的路线。完整的试验应包括至少三种不同转弯半径的试验路线。

（2）定车速变转角试验：试验车辆以稳定的车速和固定的转向盘转角行驶，测量车辆转向时的稳态响应参数。在同一车速条件下，由小到大选取不同转向盘转角进行试验，然后改变车速重复试验，从而测得试验车辆的全部稳态转向响应特性。试验应包括速度为50km/h的车速,其他试验车速宜采用尽可能高的车速。完整的试验应包括至少三种不同的车速。试验应以较低车速开始。

标准条文

4.6 总质量大于或等于12000kg的载货汽车,应安装道路运输车辆卫星定位系统车载终端。道路运输车辆卫星定位系统车载终端的性能应符合JT/T 794的规定。

条文释义

本条款属于新增型装置类条款,是对载货汽车出厂时安装卫星定位系统车载终端的规定。

《交通运输部 公安部 国家安全生产监督管理总局关于修改〈道路运输车辆动态监督管理办法〉的决定》(交通运输部令2016年第55号)第十二条规定:"旅游客车、包车客车、三类以上班线客车和危险货物运输车辆在出厂前应当安装符合标准的卫星定位装置。重型载货汽车和半挂牵引车在出厂前应当安装符合标准的卫星定位装置,并接入全国道路货运车辆公共监管与服务平台。"

《机动车运行安全技术条件》(GB 7258—2017)要求:所有客车、危险货物运输货车、半挂牵引车和总质量大于等于12000kg的货车应装备具备记录、存储、显示、打印或输出车辆行驶速度、时间、里程等车辆行驶状态信息的行驶记录仪;……校车、公路客车、旅游客车、危险货物运输货车装备具有行驶记录功能的卫星定位装置。

《道路运输车辆综合性能要求和检验方法》(GB 18565—2016)要求:旅游客车、包车客车、三类及以上班线客车、危险货物运输车辆、N_3类载货汽车和半挂牵引车应装有具有行驶记录功能并符合《汽车行驶记录仪》(GB/T 19056—2012)和《道路运输车辆卫星定位系统 车载终端技术要求》(JT/T 794—2011)规定的卫星定位系统车载终端。

本部分标准对上述规定进行了强调，要求总质量大于或等于12000kg的载货汽车应安装符合要求的道路运输车辆卫星定位系统车载终端，相关性能要求符合《道路运输车辆卫星定位系统　车载终端技术要求》(JT/T 794—2011)的规定。

标准条文

4.7　总质量大于或等于12000kg且最高车速大于90km/h的载货汽车，应安装电子稳定性控制系统(ESC)。ESC的性能应符合JT/T 1094—2016附录A的规定，电磁兼容性应符合GB/T 18655第3级及GB/T 17619的规定。

条文释义

本条款属于新增型装置类条款，是对载货汽车安装电子稳定性控制系统的规定。

(1)ESC装置的基本组成及原理：ESC系统应用了先进的传感器技术、执行器技术、车载网络技术和现代控制技术。为了识别驾驶员对汽车的期望和感知汽车的实际运动状态，ESC系统需要安装轮速传感器来测量车轮的转速，转向盘转角传感器来测量转向盘转角以及角速度，汽车横摆角速度传感器、横向加速度传感器来评定汽车的实际运动状态，制动主缸的液压传感器来判断驾驶员是否在进行制动操纵。ESC控制的基本原理是通过传感器和运算逻辑来识别驾驶员对汽车的期望运动状态，同时测量和估算出汽车的实际运动状态。当两者之间的控制误差大于给定的门限值时，系统按一定的控制逻辑对车轮的纵向力大小进行相应的控制和调节，使作用在汽车上的横摆力矩发生变化。附加的横摆力矩迫使汽车作相应的横摆运动，让汽车的实际运动状态更接近驾驶员对汽车的期望运动状态。图2-5表明了ESC对汽车运动的控制效应。

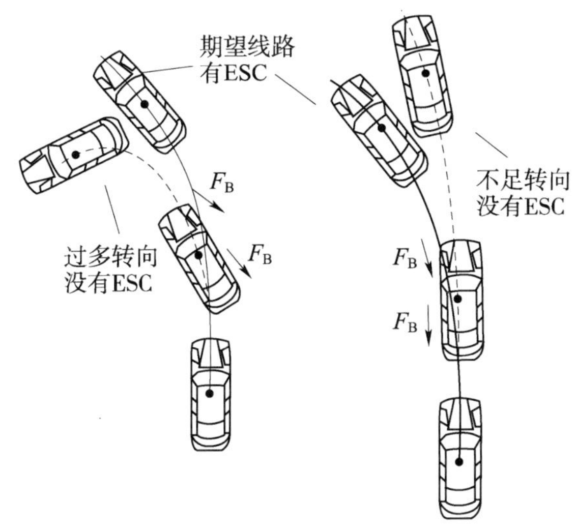

图 2-5 ESC 对汽车运动的控制效应

(2)车辆装备符合要求的 ESC 系统后,可大幅降低弯道侧滑、转向失控情况下引发交通事故的概率,ESC 系统是截至目前最为有效的主动安全装备。综合考虑交通安全危害程度,重点监管车型以及产品技术成熟度、成本问题后,本条款要求总质量大于或等于 12000kg 且最高车速大于 90km/h 的载货汽车应装备电子稳定性控制系统(ESC)。

(3)目前国家标准仅有《轻型汽车电子稳定性控制系统性能要求及试验方法》(GB/T 30677—2014),适用于最大设计总质量不大于 3500kg 的 M 类、N 类车辆,对于重型车辆的 ESC 标准还在制定中。在重型车辆方面,联合国欧洲经济委员会法规《就制动方面批准 M 类、N 类和 O 类车辆的统一规定(附录 21 装备电子稳定系统车辆的特殊要求)》(ECE R13)对方向控制和防侧翻控制的试验方法提供了可选项,但对具体试验过程并没有要求,未提出符合性判据。美国联邦机动车安全法规《重型车辆电子稳定性控制系统》(FMVSS 136)对 ECE R13 进行了完善,提出了轨迹保持能力、发动机转矩减小试验和侧倾稳定性控制试验三种测试程序及相关要求,比 ECE R13 在测试方法和限值上更明确具体。鉴于目前

国家标准、行业标准都分别制定出车辆的ESC性能试验标准，国外标准中FMVSS 136最具科学性及可操作性，且营运客车中已经按照该要求执行，为推动ESC装置在重型货运车辆应用，采用《营运客车安全技术条件》（JT/T 1094—2016）附录A的要求，该要求等效采用了《重型车辆电子稳定性控制系统》（FMVSS 136）。

（4）考虑到营运货车的产量规模以及企业的设计生产能力，标准提出对重型、高速货车进行加装的要求，考虑到整车企业匹配验证周期较长，且国内车辆制造企业生产准备也需要较长的时间，设置了实施过渡期，要求自本标准实施之日起第37个月开始对新生产车型实施。

（5）ESC系统是车辆主动安全性能控制的核心部件，必须保证在各种工况、环境下的高可靠性、稳定性及鲁棒性。而作为电子控制单元，其性能最易受车辆自身及周围电磁环境的影响，因此对其电磁兼容性能做出了要求，参照工业和信息化部新车准入对制动防抱死系统（ABS）的电磁兼容性能要求，提出了ESC系统电磁辐射、抗扰度性能应符合《车辆、船和内燃机　无线电骚扰特性　用于保护车载接收机的限值和测量方法》（GB/T 18655—2010）及《机动车电子电器组件的电磁辐射抗扰性限值和测量方法》（GB/T 17619—1998）规定。

标准条文

4.8　总质量大于或等于12000kg且最高车速大于90km/h的非双转向轴载货汽车，所有转向轮应安装爆胎应急安全装置，并在驾驶室易见位置标示。爆胎应急安全装置的性能要求和试验方法应符合附录A的规定。

条文释义

本条款属于新增型装置类条款，是对载货汽车安装爆胎应急安全装置的规定。

汽车爆胎应急安全装置是一种安装在汽车轮胎内部,当车辆轮胎发生爆胎或严重失压时,能够在一定行驶距离内使车辆行驶方向可控、制动有效且方向稳定的机械装置。该装置可有效降低爆胎后车辆事故发生率和事故发生后的损失。

汽车爆胎应急安全装置工作原理如下:

(1)支撑。汽车爆胎应急安全装置安装于车轮轮槽部位,有效填补轮辋内径差,避免了轮胎失压后卷入槽底或脱离轮辋的可能,并利用失压轮胎有效支撑,形成橡胶垫,避免金属轮毂直接触地打滑;

(2)咬合。装置上的凸起机构使轮辋内部形成可靠的齿轮结构,与失压轮胎紧紧咬合。

由于《营运客车爆胎应急安全装置技术要求》(JT/T 782—2010)仅适用营运客车,相应的国家标准正在研究制定并进行试验验证阶段,相关技术条款内容有较大变动并进行了完善和加强。为了保证标准能及时实施且能与最新的国家标准保持同步,因此本部分将正在制定的爆胎应急标准中的整车性能相关要求及方法通过试验验证后作为标准附录。

本标准对总质量大于等于12000kg且最高车速大于90km/h的非双转向轴的载货汽车提出了所有转向轮应安装爆胎应急安全装置,并能在驾驶室易见位置明确标示的要求。总质量大于等于12000kg且最高车速大于90km/h的非双转向轴的载货汽车是指通常在高速公路行驶的载货汽车,其质量较大,且车速过快时,产生的冲击力极容易造成危险的后果。采用双转向轴的载货汽车,单侧两个转向轮同时爆胎的概率较小,因此,对双转向轴的载货汽车不作强制要求。爆胎应急装置在驾驶室易见位置进行标示主要是为了向用户告知本车的转向轴已安装了爆胎应急安全装置。

为了给企业设计、研发、生产、匹配、认证留出时间,本条款设置了13个月的过渡期。

标准条文

4.9　载货汽车在空载状态下按照附录B规定的试验方法进行试验，转弯通道最大宽度应小于或等于5.0m。

条文释义

本条款属于新增型性能类条款，是对载货汽车通过性的规定。

载货汽车转弯时，由于存在较大的内轮差及驾驶员视觉盲区，容易侵占相邻车道，导致人员伤亡和财产损失。本条款保证了车辆在市区道路行驶时的通过性，可有效避免行驶时与其他车道车辆和行人发生剐蹭。该要求充分借鉴了《半挂牵引车与半挂车匹配技术要求》（QC/T 912—2013）的要求，并结合《汽车、挂车及汽车列车外廓尺寸、轴荷及质量限值》（GB 1589—2016）通道圆的测试方法，在测试方法上保持了与《汽车、挂车及汽车列车外廓尺寸、轴荷及质量限值》（GB 1589—2016）通道圆测试方法的一致性，是通过圆心测量其弯道最大宽度，相关限值也是在车辆试验验证的基础上提出的，车辆转弯时不能占据超过1.5个车道宽，按照我国现有公路相关标准，车道宽度为3.75m，因此限值确定为5m。参与验证试验的车型中，转弯通道最大宽度范围在3～5.12m之间，其中94.4%的车型满足要求。

标准条文

4.10　冷藏车应安装温度监控装置，车辆及其温度监控装置、制冷设备的性能应符合GB 29753及相关标准要求。

条文释义

本条款属于加严型装置类条款。

为推动冷链物流行业健康规范发展，保障生鲜农产品和食品消费安全，根据《中华人民共和国食品安全法》等相关法律法规，国务院办公厅

2017年印发了《国务院办公厅关于加快发展冷链物流保障食品安全促进消费升级的意见》(国办发〔2017〕29号)。为深入贯彻落实国办发〔2017〕29号通知相关要求,交通运输部印发了《交通运输部关于加快发展冷链物流保障食品安全促进消费升级的实施意见》(交运发〔2017〕127号),要求严格冷藏保温车辆的市场准入和退出、严格冷藏保温在用车辆的使用过程管理等。交通运输部办公厅印发了《交通运输行业加快推动冷链物流发展的重点任务安排》(交办运函〔2017〕1813号),对相关技术与管理工作的落实有了专项部署和安排。冷藏车温度控制装置是加强冷藏车冷链运输监控管理的基础,也是实现冷链运输全过程有效温度监控的关键设备。

国家质量监督检验检疫总局和国家标准化管理委员会2013年9月发布、2014年7月实施了国家强制性标准《道路车辆 食品与生物制品冷藏车安全要求及试验方法》(GB 29753—2013),规定了冷藏车的术语和定义、分类、要求及试验方法,适用于采用已定型汽车整车或二类、三类底盘上改装的装备机械制冷机组的道路运输易腐食品与生物制品的冷藏车和冷藏半挂车。冷藏车性能应该符合该标准要求,其中要求冷藏车配备行驶温度记录仪。行驶温度记录仪应固定牢靠,应能真实反映运输过程中的货物温度。行驶温度记录仪记录时间间隔应小于等于10min。

《冷藏保温车辆选型技术要求》和《冷藏保温车辆温度记录与监控设备性能要求和检测方法》等相关标准正在制定,行业内应密切关注该标准的发布实施。制冷设备性能要求应符合《运输用制冷机组》(GB/T 21145—2007)等标准的规定,也就是在选用制冷机组时,制冷机组生产企业应有符合该标准要求的检测报告等相关证明材料。

第五节 制动系统

据《中华人民共和国道路交通事故统计年报》数据统计分析,除人为因素外,车辆制动性能差是导致碰撞交通事故的主要原因。因此,提高营运货车的制动性能是降低营运货车交通事故发生率的重要举措。本节主要从营运货车制动性能与配置方面提出具体举措,以显著提升营运货车的制动安全性。本节有11项具体条款,从类别上看,分为性能类要求5项,配置类要求6项,且包括1项推荐性要求;从要求程度上看,有4项是目前行业内已有要求的强调性内容,4项在现有要求的基础上加严了要求,2项是新增项目,1项属于引导类项目。具体条款及释义如下。

5　制动系统

5.1　载货汽车的气压制动系统应安装具备保持压缩空气干燥、油水分离功能的装置。

条文释义

该条款属于强调型装置类条款。

该条款引用了《机动车运行安全技术条件》(GB 7258—2017)第7.7.4条(原条款为:气压制动系应安装保持压缩空气干燥、油水分离的装置)。为避免管理部门在实际车辆核查时将“压缩空气干燥、油水分离的装置”理解为“压缩空气干燥装置”和“油水分离装置”2个装置,由于理解问题导致产品不能满足标准要求,在本标准对该表述进行了调整,表述为“具备保持压缩空气干燥、油水分离功能的装置”,以避免引起歧义,确保标准条款理解的准确性、执行的统一性。此装置可以是2个装置,也可以是1个装置,但在实际中主要是1个装置。

该条款制定的主要目的就是确保车辆在高寒地区使用时制动系统的安全性,避免因高寒条件下制动管路由于水气和油滴的存在出现管路结冰等现象,进而导致制动失效的情形发生。

标准条文

5.2 载货汽车所有的行车制动器应具备制动间隙自动调整功能。

条文释义

该条款属于加严型装置类条款。

制动间隙自动调整装置可以实时、自动地调整制动器摩擦副的间隙,使制动间隙处于一个合适的范围,以保证制动功能及时、可靠,这对于行车安全十分有利。另外,装备ABS的车辆如果没有装配间隙自动调整装置就不能保证实现最佳效果,这是由于手动调节制动间隙下会引起个别制动分泵的力臂、制动力等情况的不同。制动间隙自动调整装置产品如图2-6、图2-7所示。

图2-6 制动间隙自动调整装置产品

目前在国内市场应用十分广泛的制动间隙手动调整臂存在一定的弊端。首先,手动调整有一定的周期,在这个周期的后段,也就是下一次对制动间隙进行调整前的时间内,制动间隙已经处于一个较大的数值,这可能会导致制动行程变长,制动不够及时,严重的还会引起制动力疲软,给安全行车带来隐患。其次，手动调整难以保证各个车轮制动间隙的一致性，易导致车轮跑偏、车辆甩尾等问题的出现。

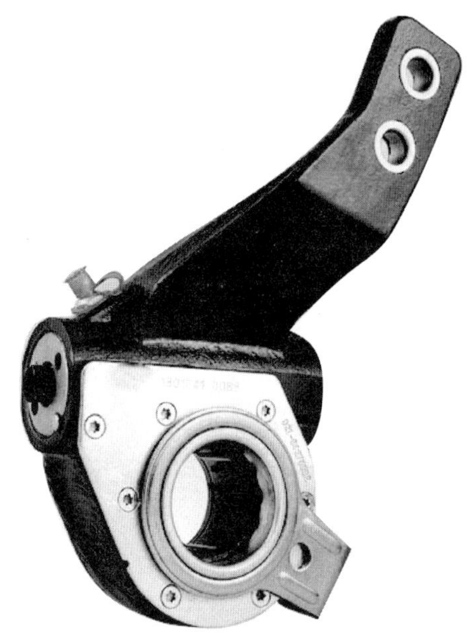

图 2-7　某型号制动间隙自动调整装置

欧洲、美洲等地区的载货汽车、客车及挂车制造商均已将制动间隙自动调整装置作为鼓式制动器的标准配件。国内普遍在客车上使用，但货车上的匹配率很低，只有不到10%。

自动调整装置在国内货车领域没有得到普及的原因有如下几点：第一，手动调整臂更便宜，若改为自动调整装置，则鼓式制动的轴每轴成本要增加200元左右。第二，国家对货车强制安装自动调整装置的要求实施较晚。在现行的国家标准体系中，《机动车运行安全技术条件》（GB 7258—2017）第一次全面要求客车、总质量大于3500kg的货车和专项作业车（具有全轮驱动功能的货车和专项作业车除外）、总质量大于3500kg的半挂车以及所有危险货物运输车辆的所有行车制动器应装备制动间隙自动调整装置。在以前没有强制性要求的情况下，车辆生产企业增加该项配置的积极性不高，应用较少。第三，人们对于安全认知程度不够深，没有通过宣传推广使用户理解行车安全才是最大的效益，事故造成的损失与自动调整装置带来的成本上升是无法放在一起衡量的。第四，用户对自动调整装置的正确使用缺乏应有的认知，有些用户在使用自动调整装置后出现了匹配不良现象，加之成本又高，很容易回到选择手动调整臂的老路上去。装有自动调整装置的某品牌货车如图2-8所示，装于457车桥上的自动调整装置如图2-9所示。

图2-8 装有自动调整装置的某品牌货车

图2-9 装于457车桥上的自动调整装置

该条款引用了《机动车运行安全技术条件》(GB 7258—2017)第7.2.7条中适用于载货汽车的部分内容“客车、总质量大于3500kg的货车和专项作业车(具有全轮驱动功能的货车和专项作业车除外)、总质量大于3500kg的半挂车,以及所有危险货物运输车辆的所有行车制动器应装备制动间隙自动调整装置”。虽然两者的技术要求相同,但两者针对载货汽车的适用范围不同。《机动车运行安全技术条件》(GB 7258—2017)的7.2.7条针对的是3.5t及以上的载货汽车,本标准条款则针对所有质量段的载货汽车,因此扩大了车型范围,属于加严型的技术要求。该要求仅要求安装该类装置,但未对该类装置提出性能方面的要求。因此,标准的发布与实施将极大地促进我国自动调整装置的普及和发展,为我国交通运输安全性的提升作出重大贡献。

标准条文

5.3 载货汽车制动系统的储气筒和制动气室应安装气压制动装置压力测试连接器。压力测试连接器的性能应符合GB/T 5922的规定。

条文释义

该条款属于强调型装置类条款。

该连接器主要是为了便于车辆认证试验时性能检测、出厂时检测以及综合性能检测时使用,多用于测量制动系统气压的变化,为制动系统响应时间的测试提供标准接口。该要求与《机动车运行安全技术条件》（GB 7258—2017）第7.2.15条款要求相同。该装置仅用于制动系统中的储气筒和制动气室，对于其他气压装置可不作要求。

标准条文

5.4　载货汽车应安装防抱制动装置，并配备防抱制动装置失效时用于报警的信号装置。防抱制动装置的性能应符合GB/T 13594规定，电磁兼容性应符合GB/T 18655第3级及GB/T 17619的规定。

条文释义

该条款属于强调型性能类条款。

ABS作为汽车主动安全系统的重要组成部分，在轿车、大型客车和重型货车中得到广泛的应用。由车辆试验数据可知，当汽车车轮的滑移率在10%～20%时，轮胎与地面之间的纵向附着系数达到最大，同时其侧向附着系数也较大。如果车轮在制动时保持这种最佳滑移率，即车轮不处于抱死滑移状态而处于边滚边滑的状态，那么车辆就能够获得最短的制动距离，且在制动过程中转向轮可以保持转向能力而不易发生甩尾现象。ABS就是基于上述原理而设计的，目的就是要充分发挥车轮和路面间这种潜在的附着能力。从ABS理论提出至今，经过近80年的发展，ABS产品技术逐步成熟，并在车辆上得到广泛应用。在此基础上，ABS与驱动防滑控制系统（ASR）结合，发展为具有制动防抱死和驱动防滑控制（ABS/ASR）系统。

目前防抱制动装置已强制要求安装，但在货车领域实施效果并不理想，因此在本标准中重点强调所有车辆均需配置该装置。随着车辆电子设备的增加，标准提出防抱制动装置的电磁兼容性应符合《车辆、船和内燃机　无线电骚扰特性　用于保护车载接收机的限值和测量方法》（GB/T 18655—2010）第3级及《机动车电子电器组件的电磁辐射抗扰性限值和测量方法》（GB/T 17619—1998）的规定，除该要求外，本条款内容与

《机动车运行安全技术条件》(GB 7258—2017)的第7.2.12条款和7.9.4条款要求相同,是强制性技术要求。

5.5 载货汽车按照GB 12676规定的方法进行试验,气压制动系统响应时间应小于或等于0.6s。

条文释义

该条款属于强调型性能类条款。

《商用车辆和挂车制动系统技术要求及试验方法》(GB 12676—2014)是我国强制性国家标准,主要依据欧盟ECE R13法规制定,技术要求与ECE R13法规基本一致。其第5.4.1条规定:"对行车制动系统完全或部分依靠驾驶员体力以外的其他能源的车辆,紧急制动时,从开始促动控制装置至最不利的车轴上的制动力达到相应的规定制动效能所经历的时间不应超过0.6s。"对装有气压制动系统的车辆,如符合该标准附录B:气制动系统车辆响应时间测量方法的规定,则认为其满足要求,即当触动时间为0.2s时,从开始促动制动系统控制装置至制动气室的压力达到稳态最大压力值的75%时所经历的时间不应超过0.6s。载货汽车制动系统响应时间如图2-10所示。

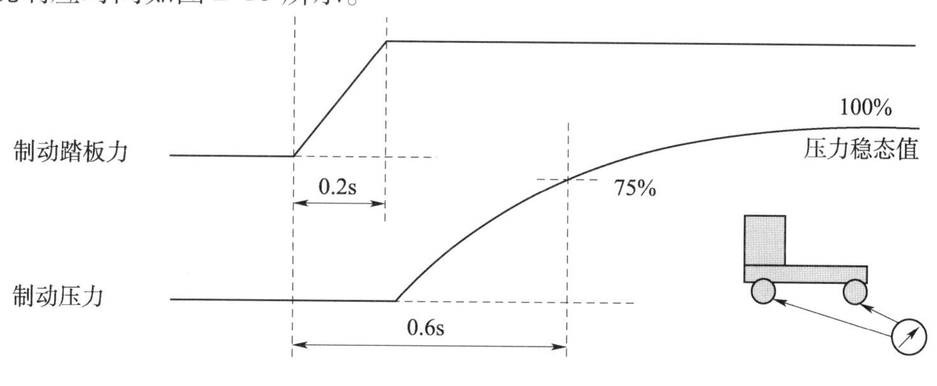

图2-10 载货汽车制动系统响应时间

该要求是对《机动车运行安全技术条件》(GB 7258—2017)第7.2.10条款技术要求的重申，由于制动系统功能是否完好极大影响行车安全，因此作为一个与安全直接相关的要求，在此处将气压制动系统响应时间作出重点提及。

标准条文

5.6　载货汽车满载，在附着系数小于等于0.5，车道中心线半径150m、宽3.7m的平坦圆弧车道上，以50km/h的初始车速进行全力制动的过程中，车辆应保持在车道内。

条文释义

该条款属于新增型性能类条款。

目前，我国关于弯道制动稳定性的标准主要包括《重型商用车　转弯制动　开环试验方法》(GB/T 34588—2017)和《营运客车安全技术条件》(JT/T 1094—2016)两项。

(1)《重型商用车　转弯制动　开环试验方法》(GB/T 34588—2017)。

该标准等同采用了《Heavy commercial vehicles and buses—Braking in a turn—Open-loop test methods，重型商用车　转弯制动　开环试验方法》(ISO 14794:2011)，并根据《汽车和挂车类型的术语和定义》(GB/T 3730.1—2001)对车辆分类进行了调整。该标准规定了当采用行车制动系统或仅采用缓速器或发动机制动进行制动时，对重型商用车辆路径和方向保持性能力进行评价的一种开环试验方法。其主要试验方法是：在每次制动开始时，车辆都以规定的车速和侧向加速度以100m为半径进行稳态匀速圆周运动，然后使用行车制动系或缓速器或发动机制动进行快速制动。在标准路面上，推荐初始侧向加速度为3m/s^2。为安全起见，最大侧向加速度不宜大于侧翻极限或路面附着极限的75%。试验车辆应安装防侧翻保护装置，防止车辆发生侧翻。初始制动平均减速度应选择1m/s^2，随后减速度以不超过1m/s^2的增量增加。

使用行车制动系统进行试验时,应进行如下操作:车辆达到稳定状态后,尽快松开加速踏板并进行制动。对于手动变速器车辆,变速器挡位为在初始条件下允许使用的最高挡位。在达到预定发动机转速或车速时,立即分离离合器进行制动。对于自动变速器车辆,制动期间换挡操纵杆始终保持在初始位置。对所有车辆,制动到车辆完全停止为止。对于每种半径和侧向加速度的组合,试验直到制动减速度达到最大或至少一个车轮出现抱死为止。至少一个车轮出现抱死的情况适用于无ABS的车辆。在这种情况下,试验可以继续加大制动力直到另一个车轮出现抱死。仅缓速器和/或发动机制动进行试验时:使车辆在所选择的车速下以允许使用的变速器最低挡位行驶。对于自动变速器车辆,变速器操纵杆始终保持在初始位置。尽可能快地松开加速踏板,如果缓速器或发动机制动是手动控制模式,则在松开加速踏板后的0.2s内进行制动。保持缓速器或发动机制动直到系统自动解除或者达到预定的发动机转速或车速。

《重型商用车 转弯制动 开环试验方法》(GB/T 34588—2017)中主要评价特征值有涉及初始超调量的特征值、涉及偏离参考性能的特征值、与停车姿态相关的特征值等。各特征值表征如下:

①涉及初始超调量的特征值:制动期间横摆角速度初始值与其初始稳态值之比的最大值及该最大值产生的时刻,制动期间侧向加速度与其初始稳态值之比的最大值。

②涉及偏离参考性能的特征值:制动期间横摆角速度和参考横摆角速度之差绝对值的最大值及该最大值产生的时刻,制动期间侧向加速度和参考侧向加速度之差绝对值的最大值及该最大值产生的时刻,制动期间横摆角速度和参考横摆角速度之差的平均值,制动期间横摆角速度的平均值和参考横摆角速度的平均值的比,横摆角度和参考横摆角度之差绝对值的最大值。

③与停车姿态相关的特征值:停车后的横摆角度和参考横摆角度之差。

虽然该标准对车辆弯道制动性能的考核非常全面,宜在车辆开发过程中使用,但由于缺乏限值要求,且操作过于复杂,测评活动不够直观和方便,因此在本标准中暂未使用。

(2)《营运客车安全技术条件》(JT/T 1094—2016)。

车辆应满足弯道制动稳定性要求,即满载车辆在附着系数不大于0.5,车道中心线半径150m、宽3.7m的平坦圆弧车道上,以50km/h的初始车速进行全力制动的过程中,车辆应保持在车道内。美国联邦机动车安全技术法规要求所有机动车进行弯道制动稳定性试验,并依据制动系统类型分别满足《气压制动系统》(FMVSS 121)相应的要求。目前,欧洲、日本货车安全技术法规尚无此方面的规定。因此,该要求等同采用了美国联邦机动车安全技术法规FMVSS中的弯道制动稳定性试验方法及要求。由于美国联邦机动车安全技术法规FMVSS采用英制单位,为方便计算及操作,将换算过的公制单位数值进行了圆整[半径:500ft(英尺)→152.4m→150m,车速:30mile/h(英里/小时)→48.3km/h→50km/h],故试验条件稍有加严。该方法操作简单,有相应的限值参考,且《营运客车安全技术条件》(JT/T 1094—2016)已经通过验证并应用于营运客车上。从车辆结构来看,营运货车与营运客车均为单体车辆,结构相同,因此试验方法和限值经过验证,均适用于载货汽车。该方法对测试场地有较高的要求,测试道路附着系数不超过0.5,且接近于0.5为宜。

在试验验证过程中,由于当时仅有国家机动车质量监督检验中心(重庆)、重庆车辆检测研究院有限公司和国家汽车质量监督检验中心(襄阳)3个汽车检测中心具备相应的场地条件,因此在该场地进行了验证试验工作。共计17辆样车参加了弯道制动性能的试验验证工作,其中包括8辆4×2载货汽车、4辆6×2和6×4载货汽车和5辆8×4载货汽车,主要车型包括栏板、仓栅和厢式载货汽车,除一辆车因 ABS 系统故障外其他车辆试验结果均满足标准条款要求。

标准条文

5.7 载货汽车鼓式制动蹄总成或盘式制动块总成的制动衬片性能应符合以下要求:

a) 按 GB/T 22309 进行试验,鼓式制动蹄总成和盘式制动块总成的最小剪切强度大于或等于 2.5MPa;

b) 按 GB/T 22311 进行试验,鼓式制动蹄总成常温压缩量小于或等于 2%,200℃时的压缩量小于或等于 4%;

c) 按 GB/T 22311 进行试验,盘式制动块总成常温压缩量小于或等于 2%,400℃时的压缩量小于等于 5%。

条文释义

本条款属于加严型性能类条款。

该要求与 ECE R90《关于动力驱动车辆及其挂车换装制动衬片总成、鼓式制动衬片和制动盘、制动鼓认证的统一规定》对应技术内容与限值保持一致。与目前标准要求相比,属于加严型性能类条款。

剪切强度的提出,主要是为了保证鼓式制动蹄总成和盘式制动衬块总成能够产生足够的摩擦力和较高的可靠性,确保发挥真正的制动效能。常温压缩量以及 400℃高温压缩量的提出,主要是为了保证制动总成性能的稳定性,不能由于高温时压缩量过大而影响制动性能。

《汽车用制动器衬片》(GB 5763—2008)是我国关于汽车用制动器衬片的国家强制性标准,规定了汽车用制动衬片的术语和定义、分类、技术要求和试验方法等内容。其中,关于汽车制动衬片分为四类,1 类主要用于驻车制动器,2 类用于轻型、微型车鼓式制动器,3 类用于中、重型鼓式制动器,4 类用于盘式制动器。该标准仅对 2 类(黏结型)和 4 类(黏结型）衬片提出了室温下的剪切强度要求，分别为1.5MPa和2.5MPa，对中重型鼓式制动器衬片的剪切强度未作规定。本标准对鼓式载货汽车鼓式制动蹄总成和盘式制动块总成的最小剪切强度要求均大于等于2.5MPa，明显高于现有技术要求。

标准条文

5.8　总质量大于或等于12000kg的载货汽车采用气压制动时，制动系统储气筒的额定工作气压应大于等于1000kPa。

条文释义

该条款属于加严型性能类条款。

在汽车的气压制动系统中，为了得到制动力，需要利用转换装置将输入到制动气室的气压转换成制动力。制动气室作为气压制动系统的执行装置，主要作用是将输入到制动气室的气压能转换成作用在制动器上的机械能，为汽车提供制动力矩，从而实现汽车制动。由双腔制动气室与凸轮驱动装置组成的鼓式制动装置如图2-11所示。

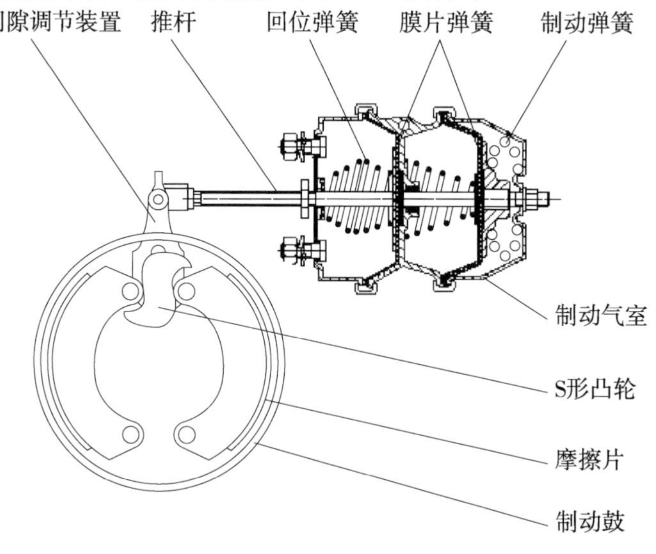

图2-11　气压制动装置示意图

在气压制动系统中每个车轮所产生的制动力计算如式(2-2)：

$$M_{\mu} = P_{t}A_{0}\eta_{m}BF\left(\frac{l_{a}}{2l_{b}}\right)R_{r} \tag{2-2}$$

式中：A_0——制动气室的有效面积；

P_t——制动气室的压力；

η_m——制动气室制动蹄制动机构的制动效率；

BF——制动鼓的制动因数(制动因数为制动鼓摩擦表面产生的摩擦力与制动蹄制动力的比值)；

R_r——制动鼓半径；

l_a——间隙调整机构的有效长度；

l_b——凸轮的有效半径。

从式(2-2)中可以看出，随着制动系统压力的增加，各轮在附着极限范围内制动力越大，制动减速度越大，车辆的制动距离也越短，即制动系统压力的增加能够改善车辆的制动性能。虽然欧盟车辆标准法规规定在实际测试时的系统压力为650kPa，但在实际车辆设计中，随着空气悬架以及机械连接装置气动化的发展应用，车辆需要更多的动力源，原有650kPa已不能满足车辆性能要求，因此较普遍采用1000kPa的压力值。提高制动系统气体压力，不仅能缩短车辆的制动距离，而且还可以在车辆底盘空间有限和保障制动性能的前提下尽可能缩小储气筒的容积，以预留出更多空间布置安装其他设施设备。而且，制动系统压力增加，能够缩短制动系统的响应时间，提升响应速度，进一步降低制动系统的制动滞后效应。

使用有效截面面积为0.02m^2的制动气室，调整某汽车列车半挂牵引车空气干燥器处的限压螺钉，使得仪表盘上的压力示数分别为750kPa、850kPa和950kPa，对安装了测试接头的半挂牵引车前轴制动气室的压力进行静态测试，测试结果如图2-12和表2-2所示。

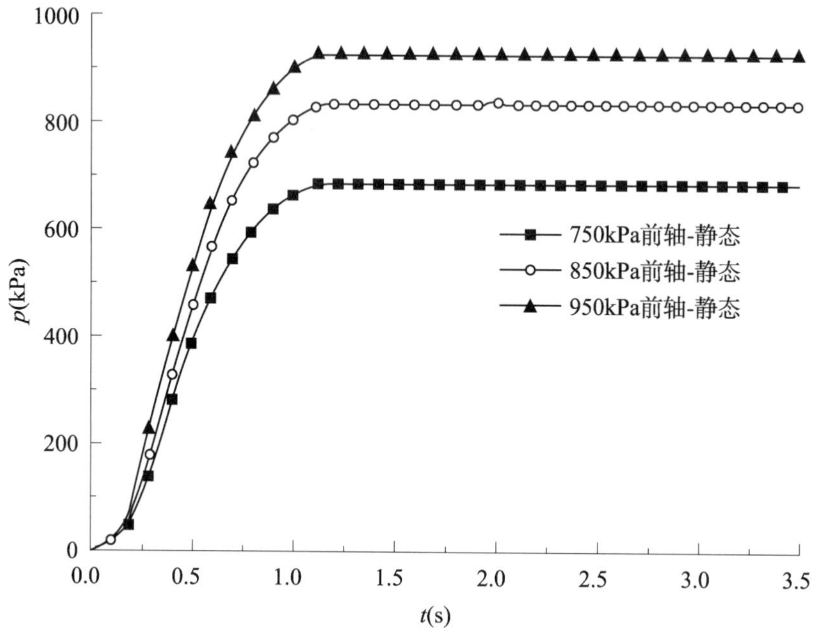

图2-12　半挂牵引车前轴制动气室压力

半挂牵引车前轴制动气室关键指标　　表2-2

空气干燥器限压（kPa）	最大工作压力（kPa）	压力达到480kPa的时间（s）	有效压力增长速度（kPa/s）
750	687.67	0.613	1045.98
850	836.80	0.519	1334.64
950	931.17	0.463	1540.44

可以看出，随着空气干燥器限压的提升，半挂牵引车前轴制动气室的最大工作压力依次提高，压力达到480kPa的时间逐渐减少，有效压力增长速度也依次变大。

营运货车在高附着干燥路面高速行驶、全力紧急制动时，有部分车辆出现ABS未循环的现象（即车辆制动器制动力不足以抱死车轮，ABS未达到调节状态），此时未完全利用路面的附着能力，故车辆的制动性能还有增加的可能性。这种情况主要由两种原因引起，一是制动器摩擦力不足,二是制动管路压力不够。因此,在这种状态下,适当增加制动系统压力,有利于更充分地发挥车辆在良好附着路面的制动效能。在下长坡、交通复杂、频繁制动等工况下,需要储气筒有足够的压力储备,以确保制动系统的正常工作。

《机动车运行安全技术条件》(GB 7258—2017)要求,车长大于9m的客车、总质量大于等于12000kg的货车和货车底盘改装的专项作业车,采用气压制动时,储气筒的额定工作气压应大于等于850kPa。因此本条款与该标准相比,虽车型范围相同,但技术条件加强。在参与试验的车型中,只有个别轻型货车无法将制动气压调整至1000kPa,其余车型均可实现。

标准条文

5.9 总质量大于或等于12000kg且最高车速大于90km/h的载货汽车,所有转向车轮应安装盘式制动器。盘式制动器的衬片需要更换时,应采用声学或光学报警装置向驾驶员报警,报警装置应符合GB 12676的规定。

条文释义

该条款属于加严型装置类条款。

目前,货运车辆制动器形式主要有两种,一种是鼓式制动器,一种为盘式制动器。《货车、客车制动器性能要求》(QC/T 239—1997)对总质量在1800~30000kg间货车气压驱动行车制动器的第一次效能试验、第一次衰退率、第一次恢复差率、第二次效能试验、第二次衰退率、第三次效能试验、制动噪声和磨损量的限值进行了规定,并明确应按照《货车客车制动器台架试验方法》(GB/T 12780—1991)进行。

目前,我国大部分货车装备的还是全鼓式制动器或前盘后鼓,主要是由于鼓式制动器造价便宜,而且符合传统设计。对于重型货车来说,由于车速一般不是很高,鼓式制动器的耐用程度也比盘式制动器高,因此许多重型货车至今仍使用鼓式制动器。但鼓式制动器的制动效能、散热性以及制动力稳定性都较差,导致在不同路面上的制动力变化很大,不易于掌控;在山区、长下坡工况使用时,在制动过程中会聚集大量的热量,进而导致因制动力不足或制动系统失效而诱发交通安全事故。此外,制动块和制动鼓在高温影响下较易发生极为复杂的变形,容易产生制动衰退和振抖现象,引起制动效率下降。并且,鼓式制动器在使用一段时间后,要定期调校摩擦副的空隙,甚至要把整个制动鼓拆下,以清理沉积在内的摩擦残余粉末。鉴于此,欧洲、美国、日本等发达国家和地区的客车和绝大多数货车都已不再装配鼓式制动器。

盘式制动器是未来制动系统执行机构的发展方向。盘式制动器体积小、质量轻,相比鼓式制动器,每个质量降低约18kg。制动盘沿厚度方向的热膨胀量极小,不会像制动鼓的热膨胀那样使制动器间隙明显增加而导致制动踏板行程过大,即使制动温度很高,制动力损失也较小。此外,制动盘比制动鼓散热性好,可避免聚集过多的热量而烧毁轮胎;热衰退性好,能够显著提高车辆在高速、重载和高温时的制动能力,能够缩短制动距离;制动盘与摩擦钳的间隙小(0.05～0.15mm),缩短制动协调时间;反应灵敏,能够满足和实现电控制动系统EBS和ABS的精确控制;制动噪声小;制动器强度大,储备能力高;摩擦钳更易更换,安装简便、便于维护。

根据《汽车道路试验方法通则》(GB/T 12534—1990)、《汽车质量(重量)参数测定方法》(GB/T 12674—1990)、《机动车运行安全技术条件》(GB 7258—2017)和《商用车辆和挂车制动系统技术要求及试验方法》(GB 12676—2014)对装备盘式制动器和鼓式制动器的汽车列车制动进行对比试验,试验结果见表2-3。在汽车列车满载Ⅰ型(热衰退)试验中,盘式制动和鼓式制动车辆的制动性能都满足标准要求,但盘式制动距离小于鼓式制动,盘式制动减速度大于鼓式制动,盘式制动踏板力要小于鼓式制动。

汽车列车满载(仅半挂车制动)Ⅰ型试验结果 表2-3

试验项目	标准要求	试验结果	
		匹配盘式制动器	匹配鼓式制动器
制动距离(m)	—	86.07	241.40
MFDD(m/s^2)	—	1.90	0.61
制动踏板力(N)	—	482	563
稳定性	—	未超出	未超出

对不同试验条件下车辆的制动减速度进行统计,结果见表2-4。

制动减速度统计 表2-4

试验项目	盘式制动(m/s^2)	鼓式制动(m/s^2)
汽车列车30km/h满载0型发动机脱开试验	6.44	5.76
汽车列车60km/h满载0型发动机脱开试验	5.96	5.94
汽车列车满载Ⅰ型试验	6.2	4.8
汽车列车60km/h满载(仅半挂车制动)0型发动机脱开试验	2.54	1.62
汽车列车满载(仅半挂车制动)Ⅰ型试验	1.9	0.61

车辆制动是将车辆的动能转化为热能的过程。在车辆长时间制动过程中,制动盘、制动钳摩擦片、制动鼓和制动蹄片的温度都会迅速升高,但由于制动盘和制动鼓在高温下技术性能状态不同,导致制动效果也不相同。盘式制动的制动盘和制动钳摩擦片的贴合度与鼓式制动的制动鼓和制动蹄片的贴合度在低温阶段没有明显的区别,制动性能也接近,但在高温阶段,盘式制动摩擦副的贴合度好于鼓式制动,可以有效地保证行车制动发挥效能。摩擦片及制动蹄片试验前后的状态如图2-13和2-14所示。

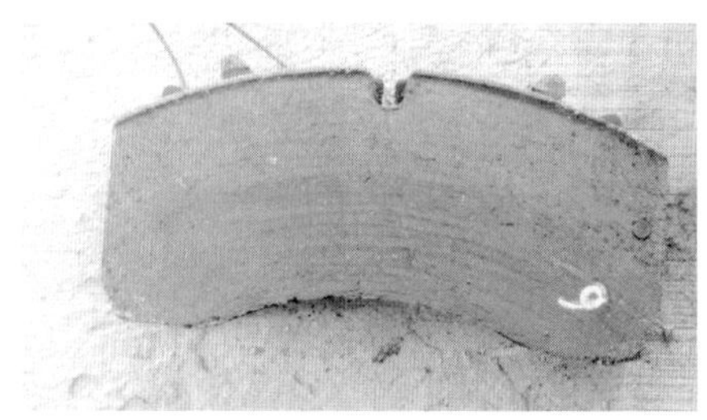

图2-13　摩擦片试验前、后状态

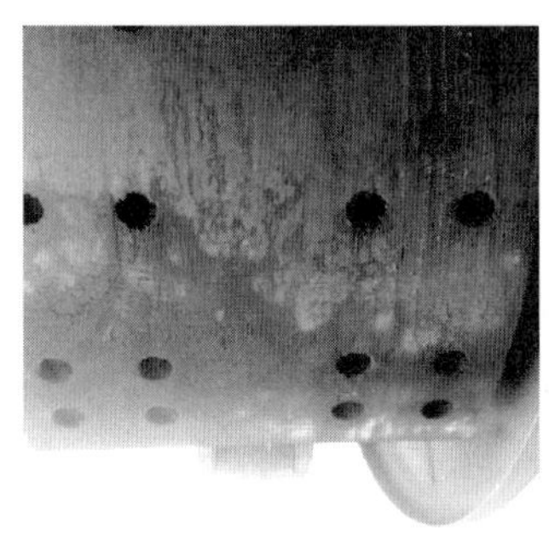

图2-14　制动蹄片试验验前、后状态

两组汽车列车对比试验(半挂车A:盘式制动器+EBS+空气悬架;半挂车B:鼓式制动器+EBS+空气悬架)的试验结果见表2-5。结果表明,半挂车A热衰退试验最高温度为553.9℃(表2-5),制动距离86.07m(表2-3);半挂车B热衰退试验最高温度为428.1℃(表2-5),制动距离241.40m(表2-3)。盘式制动器温度虽然高,但热稳定较好,制动距离短。与鼓式制动器相比,耐温程度增加约15%,制动仍然有效,下长坡时,无须淋水降温,制动性能有效、可靠。

汽车列车满载(仅半挂车制动)Ⅰ型试验完成制动器温度　表2-5

半挂车车轮	制动器温度	
	A:盘式制动器	B:鼓式制动器
一轴左/右(℃)	535.6/553.9	428.1/402.3
二轴左/右(℃)	521.3/536.9	317.9/330.8
三轴左/右(℃)	496.1/509.4	407.3/422.5

对总质量大于等于12000kg且最高车速大于90km/h的载货汽车所有转向车轮作出安装盘式制动器的规定，主要是考虑到目前盘式制动器的性能稳定，可为车辆提供更好的制动效能，降低车辆因制动失效引发二次事故的概率。盘式行车制动器的衬片需要更换时，驾驶室内需要设置有声学或光学报警装置向驾驶员报警提醒，报警提醒装置要求也与《机动车运行安全技术条件》(GB 7258—2017)第7.9.5条款的规定保持一致，属于强调条款。

5.10　总质量大于或等于12000kg且最高车速大于90km/h的载货汽车，应安装自动紧急制动系统(AEBS)。

条文释义

该条款属于新增型装置类条款。

随着汽车智能化技术的快速发展，先进驾驶辅助系统(ADAS)技术已趋于成熟并已大量运用于乘用车，为提升乘用车安全性能，减少由驾驶员操作不当引发的交通事故发挥了重要的作用。在ADAS中最具代表性的一项技术装备就是自动紧急制动系统(AEBS)，装备这项技术对于减少或避免由于驾驶员精神不集中、疲劳驾驶导致车辆偏离车道事故或追尾事故的发生效果显著。

AEBS是一个自主、自动的道路车辆安全系统，系统依靠传感器来监测前面车辆和目标车辆之间的相对速度和距离，从而计算即将发生的情况，使得车辆能够在危险情况下自动紧急制动，可以避免碰撞或减轻其影响。联合国欧洲经济委员会已经将该系统作为新设计车辆的标准配置，并从2013年开始强制实施。研究指出，AEBS技术能够减少38%的追尾碰撞事故数量，且在城市道路(限速60km/h)和郊区道路条件下，均能达到此效果。欧洲、美国、日本等发达国家和地区及我国客车安全法规对装备 AEBS 的要求情况见表 2-6。

AEBS 的国家标准、行业标准在制定中，尚未发布实施。因此，为有效提升营运货车本质安全水平，减少道路交通安全事故和财产损失，本标准本着总质量大于等于 12000kg 且最高车速大于 90km/h 的载货汽车"先行先试"的原则，同时考虑到 AEBS 产品与车辆现有系统集成需要一定的时间，对该条款给予 36 个月的过渡期。

欧洲、美国、日本客车安全法规对装备 AEBS 的要求 表 2-6

国家	法 规	适用车型	实 施 时 间
欧洲	AEBS-ECE R131	M_2 类、M_3 类中的 B 级和Ⅲ级客车	AEBS(1 阶段)——2013 年 11 月对新申请认证车辆实施;2015 年 11 月对新生产车实施。 AEBS(2 阶段)——2016 年 11 月对新申请认证车辆实施;2018 年 11 月对新生产车实施
美国	AEBS-ECE R131	所有客车	未强制安装,但是纳入 NCAP 评价范围
日本	AEBS-ECE R131	高速公路客车	AEBS(1 阶段)——2017 年 8 月对新生产车实施
中国	JT/T 1094—2016	车长大于 9m 的营运客车	2019 年 4 月对新生产车实施

标准条文

5.11 总质量大于 18000kg 的载货汽车宜安装缓速器。

条文释义

该条款属于新增型装置类引导性条款。

大型车辆安装缓速装置，能够在长下坡、交通拥堵等工况下，减轻制动系统负荷，保持制动效能的长期稳定，保障行车安全。在发达国家，汽车缓速器早已被广泛使用，近几年国内几乎所有的高等级大、中型客车都标配或选装电涡流缓速器，部分重型货车也在试装汽车缓速器。营运客车和货车装备汽车缓速器后，车辆的安全性、经济性和舒适性均有大幅提高。

汽车工业先进技术的发展和应用总是超前于法规的制定和施行,汽车缓速器的发展过程也是如此。在20世纪30年代,欧洲开始在相关车辆上安装使用汽车缓速器,但直到1954年,法国公共工程部才要求载质量超过8t的货车必须装配汽车缓速器,这是全球关于汽车缓速器应用的第一条政府法规。其他国家,如德国、瑞士和摩纳哥也通过立法要求相应车辆必须装备汽车缓速器。欧盟制定的ECE R13法案规定,M_3类客车(包括驾驶员座位在内座位数超过9个,且最大设计总质量超过5t的载客车辆)、O_4类挂车(最大设计总质量超过10t的挂车)、N_3类货车(最大设计总质量超过12t的载货车辆)以及特种(危险品)运输车辆必须安装汽车缓速器。多年来,上述法规一直作为汽车和挂车产品制动性能检验的重要依据。

我国营运客车应用缓速器较早,产品技术较为成熟,为营运货车缓速器的应用提供了经验借鉴。①《城市客车分等级技术要求与配置》(CJ/T 162—2002)则规定,特大型、大型、中型的高级以上(含高级)客车应安装汽车缓速器;②2004年,建设部发布《建设部推广应用和限制禁止使用技术》,将汽车缓速器列入城乡建设领域推广应用技术;③2007年5月实施的《城市客车缓速器制动性能要求与试验方法》(CJ/T 230—2007)进一步明确了汽车缓速器在城市客车领域的使用范围,确定了针对城市客车使用的汽车缓速器技术性能指标;④《营运客车类型划分及等级评定》(JT/T 325—2013)规定,普通级~高三级特大型客车、高一级~高三级大型客车以及高二级中型客车必须安装汽车缓速器;⑤《营运客车安全技术条件》(JT/T 1094—2016)要求车长大于9m的营运客车应装备缓速装置,其性能应满足《商用车辆和挂车制动系统技术要求及试验方法》(GB 12676—2014)规定的IIA型试验要求。

《机动车运行安全技术条件》(GB 7258—2017)中7.5.1条款规定,总质量大于3500kg的危险货物运输货车、半挂牵引车装备的辅助制动装置的性能要求应使汽车能通过《商用车辆和挂车制动系统技术要求及试验方法》(GB 12676—2014)规定的ⅡA 型试验,《商用车辆和挂车制动系统技术要求及试验方法》(GB 12676—2014)也对装有缓速器的车辆的制动性能及其试验方法作了规定,要求 M_3 类长途客车和旅游客车、允许挂接 O_4 类挂车的 N_3 类牵引车以及符合 ADR 要求的特定车辆需要安装缓速器,并符合 IIA 型试验,但受限于车辆产品适配周期、生产成本以及相关因素的影响,本标准从引领行业发展的角度提出了引导行业发展的要求,即对总质量大于等于 12000kg 载货汽车推荐安装使用缓速器。

第六节　安 全 防 护

随着中国汽车工业的飞速发展和汽车保有量的大幅增加,我国每年由于交通事故造成的人员伤亡和财产损失也极为惨重,汽车安全装置也越来越受到人们的关注。汽车安全装置分为主动防护与被动防护两大类。汽车主动防护装置侧重于监测到事故发生或者车辆失控的可能性,从而通过一系列介入车辆操控的手段去避免危险情况的发生;汽车的被动防护装置主要是在事故发生时保护乘员和行人,使直接损失降到最小,为防止事故后出现二次伤害,还应考虑预防事故车辆火灾以及迅速疏散乘客的性能。

汽车被动安全性可分为外部安全性和内部安全性。

①外部安全性:包括一切旨在减轻在事故中汽车对行人、非机动车乘员以及其他车辆的伤害而专门设计的措施。决定因素包括车身外部形状、车辆结构等。

②内部安全性:包括事故中使乘客受到的伤害降到最低,在事故发生以后提供足够的生存空间,以及营救受伤乘员的便利性等有关措施。决

定因素包括车身变形状态、驾驶室强度、碰撞发生时发生后的生存空间尺寸、撞击面积(车内部)、转向系统是否完好、乘员的解救时间、防火装置是否完好等。

营运货车在运输使用过程中,由于其自身总质量较大,燃料箱容量大,为尽可能减少事故造成的财产损失和降低人员伤害程度,本节规定了营运货车的安全防护要求,主要包括汽车侧面和后下部防护装置、前下部防护装置、起重尾板警示标识、驾驶室乘员保护功能、轮胎气压监测系统、气瓶安装及燃料系统安全防护、阻隔防爆技术、导静电橡胶拖地带方面共8项强制性要求条款。其中,轮胎气压监测系统属于主动安全领域,其余均属于被动安全领域。

6 安全防护

6.1 N_2 类和 N_3 类载货汽车应安装侧面防护和后下部防护装置,防护装置的性能应符合 GB 11567 的规定。

条文释义

该条款属于强调型性能类条款。

侧面防护装置是指由纵向部件和连接结构件组成,并且固定在底盘的侧面部件上或车辆其他结构件上的装置,用于避免未受保护的道路使用者跌入车辆侧面而被卷入车轮下。车辆的某些部分可以被用作侧面防护装置。侧面防护装置可以是一个连续的平面,或由一根或多根横杆构成,抑或是平面与横杆的组合体。永久固定安装在车辆上的各种设施如备胎、蓄电池架、储气筒、燃气箱、灯具、放射器、工具箱等可作为侧面防护装置的一部分,如图2-15、图2-16所示。

后下部防护装置是指由横向构件和连接结构件组成,并且固定在底盘部件上或车辆其他结构件上的装置,如图2-17所示。

图 2-15 附属装置作为侧面防护装置组成示例

图 2-16 横杆结构作为侧面防护装置组成示例

图 2-17 后下部防护装置组成示例

《汽车及挂车侧面和后下部防护要求》(GB 11567—2017)整合了《汽车和挂车侧面防护要求》(GB 11567.1—2001)和《汽车和挂车后下部防护要求》(GB 11567.2—2001)。该标准规定了汽车及挂车侧面和后下部防护装置的技术要求及车辆技术要求，适用于 N_2、N_3 和 O_3 和 O_4 类车辆，不适用于半挂牵引车及为了专门目的设计和制造的、由于客观原因而无法安装侧面防护装置和后下部防护装置的车辆。特别地，后下部防护要求不适用于为搬运无法分段的长货物而专门设计和制造的特殊用途车辆(如运输木材等货物的车辆)。

《机动车运行安全技术条件》(GB 7258—2017)中12.9.1条款规定了侧面防护要求，即“总质量大于3500kg的货车(半挂牵引车除外)、货车底盘改装的专项作业车和挂车，应按GB 11567的规定提供防止人员卷入的侧面防护。”此外，该标准12.9.3条款还规定了后下部防护要求，即“总质量大于3500kg的货车、货车底盘改装的专项作业车(半挂牵引车及由于客观原因而无法安装后下部防护装置的专用货车和专项作业车除外)和挂车(长货挂车除外)的后下部,应提供符合 GB 11567 规定的后下部防护,以防止追尾碰撞时发生钻入碰撞。”本标准在此项中整合了《机动车运行安全技术条件》(GB 7258—2017)的要求,强调侧面防护和后下部防护的重要性。

标准条文

6.2 总质量大于 7500kg 的载货汽车应安装前下部防护装置,防护装置的性能应符合 GB 26511 的规定。

条文释义

该条款属于强调型性能类条款。

《机动车运行安全技术条件》(GB 7258—2017)的 12.8 条款规定“总质量大于 7500kg 的货车、货车底盘改装的专项作业车,应按 GB 26511 的规定提供对平行车辆纵轴方向的作用力具有足够阻挡力的前下部防护,以防止正面碰撞时发生钻入碰撞。”本标准对于此项与该标准要求一致,强调侧面防护和后下部防护的重要性。

《商用车前下部防护要求》(GB 26511—2011)规定了商用车前下部防护的技术要求和试验方法,该标准适用于 N_2、N_3 类车辆,但不适用于《机动车辆及挂车分类》(GB/T 15089—2011)规定的 G 类车辆,也不适用于为了专门目的设计和制造的、结构上无法安装前下部防护装置的车辆。

《机动车辆及挂车分类》(GB/T 15089—2011)规定的 N_2G、N_3G 类车辆,国家机动车产品主管部门应在《道路机动车辆生产企业及产品公告》(以下简称《公告》,对国产车)或其他技术资料(对进口车)上说明该车型为越野货车,按照《商用车前下部防护要求》(GB 26511—2011)国家标准规定无须安装前下部防护装置。

对结构上无法安装前下部防护装置的 N_2、N_3 类车辆,国家机动车产品主管部门应在《公告》(对国产车)或其他技术资料(对进口车)上说明该车型的车辆受结构限制无法安装前下部防护装置。

标准条文

6.3　安装起重尾板的载货汽车，起重尾板背部应设置有警示标识，警示标识上的反光标识应始终朝向车辆后侧。

条文释义

该条款属于强调型装置类条款。

起重尾板，又叫汽车升降尾板、装卸尾板、液压尾板，是安装于货车和各种密闭车辆尾部的一种以车载蓄电池为动力的液压起重装卸设备。起重尾板不仅可用来装卸货物，还可用作厢式货车的尾门，因此通常称其为尾板。将起重尾板安装在货车尾部，可随时随地对货物进行装卸举升作业，在与搬运车(俗称“地牛”)配合使用后，特别方便进出单位体积大的沉重物品(如托盘类、容器类、带轮设备等)，能够大幅度提高装卸效率，节约人力资源，保障操作人员的安全，降低物品在装卸中的破损率。特别是易燃、易爆、易碎物品，更加适合于尾板装卸。货运尾板按照其运动形式可以分为悬臂式尾板、摆动折叠式尾板、滑动折叠式尾板、垂直升降式尾板四种类型。

我国于2004年发布了起重尾板的产品标准《车用起重尾板》(QC/T 699—2004)，对车用起重尾板的术语和定义、型号、基本参数、要求、试验方法、检验规则、标志、说明书、包装、运输和储存等方面的内容进行了规定。2015年4月，《车用起重尾板加装与使用技术要求》(JT/T 962—2015)发布，标准主要是针对已注册登记的，且出厂时车辆自身未装备起重尾板的车辆加装尾板进行规范。该标准规定了车辆起重尾板的加装技术要求、使用要求以及检验要求等方面的内容，用于规范尾板的加装与检验。该标准主要规定起重尾板的加装要求、使用要求以及检验要求等。起重尾板加装要求部分又包含了尾板选型要求、加装基本要求、机械部分加装作业要求、电控系统安装与布置要求、液压系统安装与布置要求以及尾板工作安全要求等;尾板使用技术要求则包括操作要求与装置要求;检验要求则包括检验类型、检验内容与要求等。

《机动车运行安全技术条件》(GB 7258—2017)12.11.5 条款规定,安装有悬臂式、垂直升降式起重尾板的货车和挂车,起重尾板背部应设置有警示旗,且警示旗应能摆动,警示旗上的反光标识应朝向车辆外侧。本标准在《机动车运行安全技术条件》(GB 7258—2017)的基础上,修改部分描述性内容,更便于标准使用者理解。

起重尾板背部的警示标识,在白天以其鲜艳的色彩对后车起到明显的警示作用,在夜间或光线不足的情况下,其明亮的反光效果可以有效增强人的识别能力,看清目标,引起警觉,从而避免事故发生,减少人员伤亡,降低经济损失。起重尾板收起时(图 2-18),即货车行驶时,警示标识上的反光标识应朝向车辆后侧;起重尾板落下时(图 2-19),即货车停靠作业时,警示标识上的反光标识也应朝向车辆后侧,对后方车辆起警示作用。

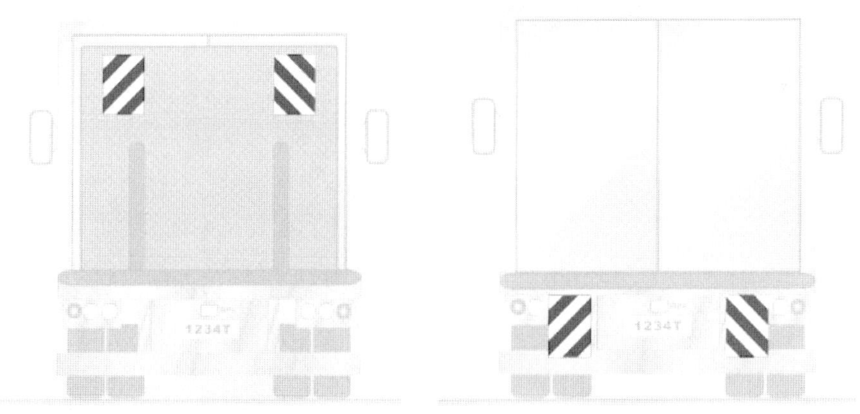

图 2-18 起重尾板处于收起状态　　图 2-19 起重尾板处于水平状态

6.4 载货汽车驾驶室应具有乘员保护功能,按附录 C 试验后,车门

不应自行打开;驾驶室应与车架保持连接,允许固定驾驶室的部件产生变形和损坏;用附录C规定的人体模型检测生存空间符合以下要求:

——当座椅处于中间位置时,人体模型不应与车辆邵氏硬度大于或等于50度的非弹性部件发生接触;

——不借助于任何工具,用一个小于100N的力即可将非弹性部件与人体模型分开。

条文释义

本条款属于加严型性能类条款,规定了驾驶室结构及驾驶室与车架的连接件的强度要满足附录C所述的试验要求。设置本条款的目的是为了保证驾驶室的设计以及与车辆的连接,应尽可能消除在意外事故中驾驶室内乘员受到伤害的风险。

当前,国内生产与销售以及社会保有的卡车中平头车占了绝大多数,各大公司新开发的车型也多以平头车为主,平头车的结构特点决定了其驾驶员座位到汽车最前端面的距离较长头车短,一旦发生交通事故,汽车遭遇正面撞击时没有吸能缓冲区,导致驾乘人员没有足够的生存空间,被挤压致伤或死亡;再加上商用车本身质量较大,一些主动安全措施效果发挥不会很明显;而且由于前部缓冲区域非常有限,因此在发生事故时,驾驶室乘员的生存空间只能依靠驾驶室的结构强度来保证。因此,为保护乘员、减少伤亡,对平头车驾驶室进行安全改进很有必要。

目前,虽然在商用车驾驶室安全方面有《商用车驾驶室乘员保护》(GB 26512—2011)法规予以约束,而且《商用车驾驶室乘员保护》(GB 26512—2011)也确实在促进中国市场商用车驾驶室安全防护方面实现了从无到有的突破,但需要指出的是,《商用车驾驶室乘员保护》(GB 26512—2011)修改自欧洲经济委员会1999年发布的ECE R29(02系列)法规,并于2012年1月1日开始实施。然而,ECE被动安全组

GRSP 于 2010 年 4 月 1 日在 WP.29 会议上通过了修订案 ECE R29(03 系列),因此国标《商用车驾驶室乘员保护》(GB 26512—2011)注定是一个刚诞生便已落后的版本。经过相关统计分析,发现在卡车单车事故中,翻滚和前碰撞是主要的事故形态,尤以驾驶室 A 柱、B 柱受到损害最大。因此,A 柱及驾驶室顶层设计应受到关注。

本标准附录 C 所述的试验和评价方法修订源自最新的欧盟法规 ECE R29 第二版。本标准附录 C 要求的试验和评价方法与当前实施的《商用车驾驶室乘员保护》(GB 26512—2011)标准相比差异较大,主要表现在以下几方面:(1)摆锤正面撞击能量提升近 25%,主要针对中、重型卡车,提升其驾驶室安全性能;(2)增加 A 柱撞击和侧顶部撞击试验,主要旨在提升驾驶室 A 柱、B 柱以及顶部横梁的强度;(3)试验后检验生存空间用假人腿部可以向上以及左右摆动,相比《商用车驾驶室乘员保护》(GB 26512—2011)中检验生存空间用人体模型,该模型能够更加合理地对试验后生存空间进行检验。

相较于现行的《商用车驾驶室乘员保护》(GB 26512—2011),本标准附录 C 所述的试验和评价方法更加严格、合理;同时,能够更好地模拟真实事故形态,更好地有针对性地对驾驶室结构强度进行检验。在与国际标准 ECE R29 第二版接轨的同时,基于当前国内运输业在货物捆绑、运输规范方面还有待提升的背景,相对于 ECE R29 第二版,本标准增加了后围强度试验,即保留现行《商用车驾驶室乘员保护》(GB 26512—2011)中的后围强度试验。

因此,本标准附录 C 所述的试验和评价方法的制定,能够充分体现制定本标准的初衷,即针对当前国内产品现状,更进一步提升营运货车驾驶室的结构安全性。

本条款规定了按照附录 C 所述的试验方法进行试验后,如何判定驾驶室生存空间是否足够,即用 C.4 所规定的人体模型或替代品检验试验后驾驶室的生存空间。检验生存空间时，座椅要处于座椅行程的中间位置。需要注意的是，此时的中间包括前后和上下。检验时，座椅上放置的人体模型不能和邵氏硬度大于等于50度的非弹性部件发生接触(不借助于任何工具，用一个小于100N的力即可将非弹性部件与人体模型分开的接触可以忽略)。同时，试验后检验生存空间时，转向管柱试验前已经被调整至中间位置。对于此条的描述，沿用了ECE R29第二版的相关内容，并与其保持一致。

本条款同时规定了试验过程中驾驶室和车架满足要求的连接状态，即说明了试验过程中，驾驶室与车架必须是通过固定装置与车架保持连接的，但是这些固定装置允许产生变形和损坏。此条款意在说明碰撞过程中，驾驶室不能和车架产生分离，因为如果驾驶室和车架产生分离，在实际事故中，驾驶室可能出现不可控的移动，即产生抛甩驾驶室等现象，加重事故的严重程度，增加驾乘人员伤亡的风险。

同时，此条款对试验过程中和试验后驾驶室车门的有关情况作了规定，即试验过程中，车门不能自行打开。同时，对于试验后车门的打开情况不作规定。此条款同样意在保证发生碰撞事故的过程中，车门不能自行打开。因为车门打开意味着增加了外部物体侵入驾驶室内乘员生存空间的风险，同时还可能增加出现驾乘人员被甩出车外的风险。因此碰撞过程中，要确保驾乘人员处于一个完整的驾驶室框架之内。

标准条文

6.5 总质量大于或等于12000kg且最高车速大于90km/h的载货汽车，使用单胎的车轮应安装轮胎气压监测系统。

条文释义

该条款属于新增型装置类条款。

轮胎充气压力值的大小对保障轮胎安全性非常重要,胎压过高易引起爆胎,胎压过低会增加行驶阻力,加剧轮胎磨损,增加油耗,导致轮胎早期损坏或其他故障。同时轮胎胎温过高,极易导致轮胎着火,危及整车安全。因此,在车辆行驶过程中有必要对轮胎气压进行实时监测,当胎压不正常时及时报警,提醒驾驶员检查并采取相应措施,以避免事故的发生。胎压监测系统(Tire Pressure Monitoring System,简称TPMS)。可以通过记录轮胎转速或安装在轮胎中的电子传感器,对轮胎的各种状况进行实时自动监测,能够为行驶提供有效的安全保障。

胎压监测系统可分为两种:一种是间接式胎压监测系统,通过轮胎的转速差来判断轮胎是否异常;另一种是直接式胎压监测系统,通过在轮胎里面加装胎压监测传感器,在汽车静止或者行驶过程中对轮胎气压和温度进行实时自动监测,并在轮胎高压、低压、高温时及时报警,避免因轮胎故障引发交通事故,以确保行车安全。

间接式胎压监测系统需要通过ABS轮速传感器来比较轮胎之间的转速差别,以达到监测胎压的目的。ABS通过轮速传感器来确定车轮是否抱死,从而决定是否启动防抱死系统。当轮胎压力降低时,车辆的质量会使轮胎直径变小,导致车速产生变化,进而触发间接式胎压监测系统报警系统,从而提醒驾驶员注意轮胎胎压不足。

直接式轮胎压力监测系统利用安装在轮胎上的压力传感器来测量轮胎的气压和温度,利用无线发射器将压力信息从轮胎内部发送到中央接收器模块上的系统,然后显示轮胎气压数据。当轮胎出现高压、低压或高温时,系统就会报警提示车主。并且,车主可以根车型、用车习惯、地理位置自行设定胎压报警值范围和温度报警值。

为了方便驾驶员及时掌握变化情况,还要求胎压监测装置应能通过仪表台向驾驶员显示相关信息,以便于驾驶员及时采取相应的处置措施。

考虑到车辆的适用性以及车型运输物品的安全性，部分车型安装胎压监测系统或报警装置的必要性不强；从降低用户使用成本的角度出发，仅要求总质量大于或等于12000kg且最高车速大于90km/h的载货汽车，使用单胎的车轮应安装轮胎气压监测系统，降低单侧轮胎爆胎的概率，而不强制要求双胎车轮安装轮胎气压监测系统。同时考虑到系统整合问题，本条款给予24个月的过渡期。

标准条文

6.6 燃气汽车的气瓶安装位置与强度应符合GB 19239等相关标准的规定。载货汽车燃料系统的安全防护应符合GB 7258的规定。

条文释义

该条款属于强调型性能类条款。

近年来，车辆燃料系统朝多样性发展，出现了混合动力车型。为确保载货汽车能够更为安全地行驶，在本标准中对车辆的燃料系统安全防护提出了要求。《燃气汽车专用装置的安装要求》(GB 19239—2013)规定了燃气汽车专用装置的安装要求、安装方法及检验方法，该标准适用于压缩天然气(以下简称"CNG")额定工作压力不大于20MPa的CNG单燃料、汽油/CNG两用燃料汽车及液化石油气(以下简称"LPG")额定工作压力不大于2.2MPa的LPG单燃料、汽油/LPG两用燃料汽车。其他相关类型燃气汽车参照执行。该标准的4.2条款规定了车用气瓶的安装位置、安装强度和安全保护要求。《机动车运行安全技术条件》(GB 7258—2017)中的12.6.9~12.6.16条款也规定了气体燃料汽车的气瓶安装位置和防护要求。

《汽车用压缩天然气钢瓶》(GB 17258—2011)和《机动车用液化石油气钢瓶》(GB 17259—2009)分别对汽车用压缩天然气钢瓶和汽车用液化石油气钢瓶的结构和质量进行了规定。机动车制造和改装厂家可以使用其他材质制作的、符合有关标准规定且经检验、认证能保证安全的气瓶[1]。

为保证钢瓶安装后钢瓶和车架(车身)的结构和强度均不受影响,钢瓶安装时应充分考虑汽车承载件的强度,对强度较弱的地方应采取加固强度的措施。应确保有四个固定点连接在车辆结构件上,其间距应能确保钢瓶的稳定,并且绝对不允许将钢瓶作为承载件使用。

《机动车运行安全技术条件》(GB 7258—2017)12.5 条款规定了燃料系统的安全防护要求。与《机动车运行安全技术条件》(GB 7258—2012)相比,本标准明确了不准许用户改动燃料种类的要求。该条款中的燃料箱特指常温下液体燃料的燃料箱,并不包括气体燃料的气瓶,气体燃料的气瓶应符合该标准 12.6 条的规定。汽车燃油箱安全性能同时还应符合国家标准《汽车燃油箱 安全性能要求和试验方法》(GB 18296—2001)的规定。

《机动车运行安全技术条件》(GB 7258—2017)12.6 条款规定了气体燃料专用装置的安全防护要求,该条款适用于液化石油气、天然气等气体燃料的气瓶(主要是钢瓶),并不适用于燃料电池汽车安装的氢气瓶。

标准条文

6.7 汽油载货汽车油箱应采用阻隔防爆技术,阻隔防爆技术应符合 JT/T 1046 的规定。

条文释义

该条款属于新增型性能类条款。

油箱采用阻隔防爆技术后,一般可解决四个问题:静电引起的燃爆事故,车辆剧烈碰撞直接引发的燃爆事故,车辆碰撞后造成油箱泄露燃烧、

[1] 根据国标委 2017 年第 7 号公告和强制性标准精简整合结论,自 2017 年 3 月 23 日起,《汽车用压缩天然气钢瓶》(GB 17258—2011)和《机动车用液化石油气钢瓶》(GB 17259—2009)转化为推荐性标准,标准代号由 GB 改为 GB/T,标准顺序号和年代号不变。

火焰烘烤油箱造成的燃爆事故；潜在的恐怖袭击油箱造成的燃爆事故。为此，交通运输部制定了交通行业标准《道路运输车辆油箱及液体燃料运输罐体阻隔防爆安全技术要求》(JT/T 1046—2016)，该标准规定了道路运输车辆油箱及液体燃料运输罐体采用阻隔防爆措施的技术要求、试验方法、检验规则、标志和使用说明书，标准适用于采用阻隔防爆安全技术的道路运输车辆油箱及液体燃料运输常压罐体。

汽油的燃点低、易挥发，容易在碰撞过程中发生爆燃现象，且由于汽油车多行驶在城市道路上，发生事故后产生的社会危害较大，因此本标准提出汽油车油箱应先行采用符合《道路运输车辆油箱及液体燃料运输罐体阻隔防爆安全技术要求》(JT/T 1046—2016)要求的阻隔防爆技术。对于柴油油箱，在本标准中未强调，主要原因是现有统计资料显示柴油油箱爆燃概率十分低，大多数的车辆起火燃烧是由于碰撞后车辆油管破裂导致其与电路电火花接触导致燃烧。

标准条文

6.8 燃气汽车应安装汽车导静电橡胶拖地带，汽车导静电橡胶拖地带的性能应符合 JT/T 230 的规定。

条文释义

该条款属于加严型性能类条款。

汽车导静电橡胶拖地带可防止车辆因静电产生的火灾爆炸事故。本标准针对燃气汽车，提出了安装汽车导静电橡胶拖地带的要求，其性能应符合《汽车导静电橡胶拖地带》(JT/T 230—1995)的规定。《汽车导静电橡胶拖地带》(JT/T 230—1995)规定了汽车导静电橡胶拖地带的产品分类、技术要求、试验方法、检验规则以及包装、标志、运输、装卸和储存等，标准适用于油罐车、液化石油气罐车等装运易燃易爆货物的车辆和其他需导除静电的车辆所安装的拖地带。

另外,《机动车运行安全技术条件》(GB 7258—2017)12.6.8条款规定,加气量大于等于375L的气体燃料汽车应安装导静电橡胶拖地带,拖地带导体截面积应大于等于100mm^2,且拖地带接地端无论空、满载应始终接地。其12.12.1条款还规定,机动车尾部应安装接地端导体截面积大于等于100mm^{2}的导静电橡胶拖地带,且拖地带接地端无论空、满载应始终接地。该条款只针对危险货物运输车辆。

为了防止燃气汽车因静电产生火灾爆炸事故,提高燃气汽车的安全性,本标准加严了《机动车运行安全技术条件》(GB 7258—2017)的要求,要求所有燃气汽车均应安装导静电橡胶拖地带。

第七节 载荷布置标识与系固点

本节针对营运货车的载荷布置标识与系固点进行了规定。载荷布置标识的作用有如下两点:一是规范车辆生产企业的设计与生产,确保车型结构与载荷布置既能满足最大设计装载要求,又可保证车辆在不同载荷情况下,科学分配轴荷、满足设计要求,确保行车安全;二是指导运输用户在实际装载和运输过程中,依据车辆的载荷布置要求进行合理的装载与检查,确保装货后的车辆轴荷满足法规及设计要求。系固点是指车辆上用于货物栓紧固定的专用装置,标准对系固点的布置、强度等要求作出了规定。

7 载荷布置标识与系固点

7.1 载货汽车(罐式车、自卸车除外)应在车辆易见位置设置能永久保持的载荷布置标识,载荷布置标识曲线参照附录D绘制,标识尺寸不应小于160mm×100mm。

条文释义

该条款属于新增型装置类条款，规定货运车辆应配备载荷布置标识，其目的是为了保证车辆在运输的全过程中轴荷分配合理。该条中的部分技术要求参考《Securing of loads on road vehicles-Load distribution plan，道路货物运输安全——载荷布置规划》(VDI 2700 part4—2012)，在附录D中给出了其绘制原则，并以两轴载货汽车为例说明了载荷布置标识绘制方法。

该项要求适用于除了罐式车、自卸车以外的其他载货汽车，主要原因是罐式车运输的通常为液态货物，由于其在罐体中均匀分布，而自卸车装运的货物多为散装货物，基本均匀分布装载，因而予以排除。对于载荷布置标识的固定方式并未作出强制要求，原则上该标识应在车辆全寿命周期内永久保持，且标识应固定在易见位置，以便于货物装卸人员能够方便地获取相关信息、规范装载作业。

载荷布置标识以车辆结构简图(不含上装结构)为背景，由多段不同计算方式绘制出的曲线组成，曲线的绘制方法将在7.2条中详细解读。装货后货物的总质量以及所对应的质心位置位于曲线下方时，视为装载满足轴荷限值及产品设计要求。

标准对载荷布置标识的制作方法并未作强制要求，但标识中的图像与文字应能经得起恶劣自然条件的考验。车辆生产企业可按照车辆铭牌样式进行制作，也可将照片(7寸)打印后塑装，或使用计算机打印相应尺寸的纸张后塑装。标识的尺寸不应小于160mm×100mm，该尺寸是指标识有效区域的尺寸，相关尺寸的具体要求如图2-20所示。标识中的数字高度应不小于3.5mm，文字高度不小于4mm，标识中的曲线名称“a”“b”……“e”不需要在图中标出(图2-20仅作为示例用)，曲线线段宽度不小于0.75mm，其他线段宽度不小于0.25mm。

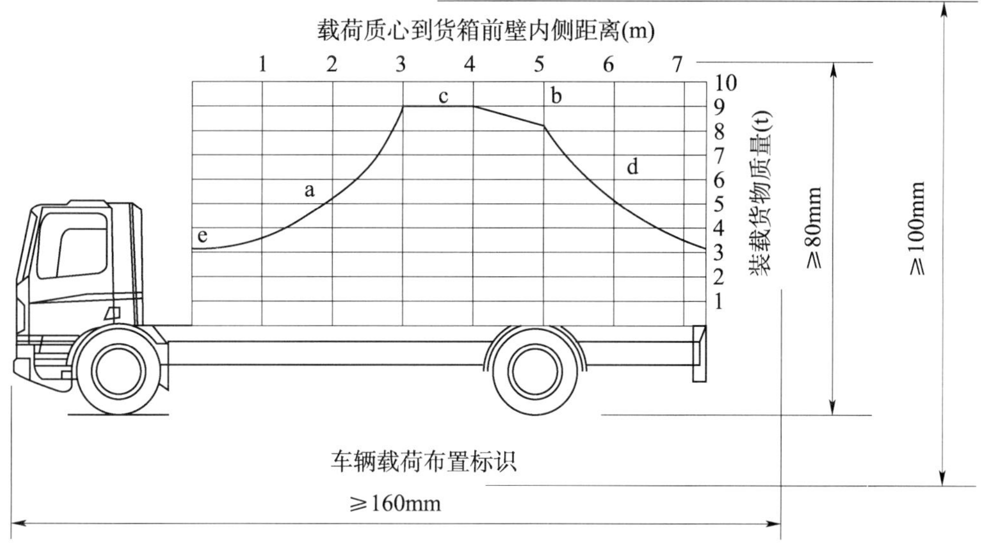

图2-20 载荷布置标识示例

标准条文

7.2 载荷布置标识应以车辆简图(不含上装结构)为背景,载荷分布曲线以货物质心位置为横坐标、以最大允许装载质量为纵坐标,且应满足以下约束条件:

a) 不超出前轴最大允许轴荷限值;

b) 不超出后轴(组)最大允许轴荷限值;

c) 不超出车辆最大设计总质量;

d) 转向轴的最小载荷满足车辆设计要求;

e) 驱动轴(组)的最小载荷满足车辆设计要求。

条文释义

该条款属于新增型装置类条款,对载荷布置标识的构成进行了介绍,它是以车辆结构简图(不含上装结构)为背景。载荷分布曲线以货物质心位置为横坐标、以最大允许装载质量为纵坐标。车辆结构简图中驾驶室样式、车轴数量及轮胎分布位置应与实际情况一致。载荷分布曲线的起始点位置应为货箱内侧离驾驶室最近的可装货位置，即货箱最前部边缘位置，横坐标的长度为整个货箱内部的可装货区间长度。纵坐标为车辆的允许装载质量，以t为单位。

相关约束条件主要包括五项要素，即前轴、后轴轴荷不超出车辆设计限值，总质量不超出车辆的最大设计值，转向轴、驱动轴应保证最低设计轴荷。为了方便货运企业在货物装载过程中对该条款的有效执行，通常情况下，直线段c（见附录D）所对应的实际车厢长度宜大于0.2m。

标准条文

7.3　N_2类和N_3类载货汽车（罐式车、自卸车除外）货箱系固点的数量、安装位置与强度应分别符合附录E和JT/T 882—2014附录C的规定。

条文释义

该条款属于新增型装置类条款。

N_2和N_3类载货汽车货箱系固点数量与强度要求主要参考《Securing of cargo on road vehicles-Lashing points on commercial vehicles for goods transportation-Minimum requirements and testing，道路货物运输安全——货运车辆系固点——最低要求与测试方法》（BS EN 12640—2001），由于《道路甩挂运输货物装载与栓固技术要求》（JT/T 882—2014）已经对总质量12t及以上车型的系固点的数量、安装位置与强度提出了要求，因此在附录E对总质量3.5t以上、12t以下的车型补充了相关规定。本条款将罐式车、自卸车排除在外，主要原因是罐式车运输的通常为液态货物，而自卸车装运的货物多为散装货物，无须进行货物的栓紧固定，因而予以排除。此外，BS EN 12640—2001标准是针对车厢内部系固点的布置提出的要求，在起草过程中综合考虑国内现状，本条款对货箱外部系固点（不含厢式车）离车箱箱壁间距不作要求，但纵向间距需符合标准的要求。

《道路甩挂运输货物装载与栓固技术要求》(JT/T 882—2014)附录C与本标准中附录E的最大差距在于系固点承载力要求不同,其计算方式为 $N=\frac{1.5\times P}{20000}$(各参数的定义与附录E.1.1.4条一致),系固点的强度要求为20kN,系固点的数量计算方式与附录E.1.1.1条一致。

同时,需要注意的是,系固点需要与车架或专门设计承载部件相连接,以便于受力能够传递到强度较高的车架或车体上。

系固点的结构形式未作强制要求,推荐选用图2-21、图2-22中的样式,原则上应便于使用合成纤维栓紧带。在货厢内部的系固点,安装后不宜突出承载面,位于货厢外部的系固点,根据《汽车、挂车及汽车列车外廓尺寸、轴荷及质量限制》(GB 1589—2016)附录A.4的要求,单侧的系固点不应超出货箱宽度50mm。

图2-21 沉降式系固点

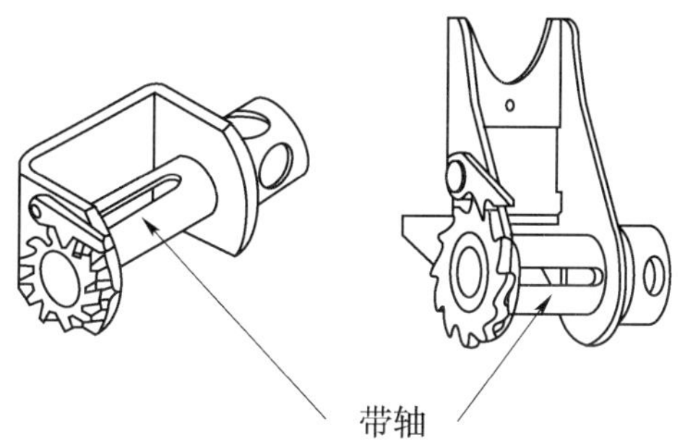

图2-22 货厢外部系固点结构形式

第八节 报警与提示

本节针对营运货车的车道偏离报警功能、车辆前向碰撞预警功能以及气体泄漏报警装置进行了规定。预警和报警功能或装置能在车辆发生紧急状况或异常状态前,通过光电信号或声信号提醒驾驶员,驾驶员可提前采取适当措施避免发生意外,或排除故障。

标准条文

8　报警与提示

8.1　总质量大于18000kg且最高车速大于90km/h的载货汽车，应具备车道偏离报警功能和车辆前向碰撞预警功能，车道偏离报警功能应符合JT/T 883的规定，车辆前向碰撞预警功能应符合GB/T 33577的规定。

条文释义

该条款属于新增型性能类条款。

据统计，约有50%的汽车交通事故是因为汽车偏离正常的行驶车道引起的，同时车道偏离也被看成车辆侧翻事故的主要原因。车道偏离预警系统是一种通过报警的方式辅助驾驶员减少汽车因车道偏离而发生交通事故的系统。《营运车辆行驶危险预警系统　技术要求和试验方法》(JT/T 883—2014)规定了营运车辆行驶危险预警系统(以下简称"预警系统")的一般要求、功能要求、性能要求、安装与使用要求和试验方法等，标准适用于具有前方车辆碰撞和车道偏离危险状态报警功能的营运车辆预警系统。该标准中的"5.4 车辆偏离报警"对车道偏离报警功能进行了规定。由于质量大于等于18000kg且最高车速大于90km/h的载货汽车质量较大，车速较高，发生事故后会造成严重的经济损失，因此，本部分标准暂要求这类车型须配备车道偏离报警功能。

车辆前向碰撞预警是一项主动安全技术，在检测到车辆跟前车有潜在碰撞危险时，进行提醒，防止或减轻追尾事故带来的伤害。一般预警的方式有声音、视觉或者触觉等。《智能运输系统　车辆前向碰撞预警系统　性能要求和测试规程》(GB/T 33577—2017)规定了车辆前向碰撞预警系统的性能要求和测试规程，适用于曲率半径大于125m的道路和机动车辆，包括轿车，卡车，客车与摩托车。本标准要求车辆前向碰撞预警功能应符合《智能运输系统　车辆前向碰撞预警系统　性能要求和测试规程》(GB/T 33577—2017)的规定。

8.2 燃气汽车应安装气体泄漏报警装置,所有管路接头处均不应出现漏气现象。

条文释义

该条款属于强调型装置类条款。

由于气体燃料载货汽车的燃料罐属于低温、高压装置,为了方便车辆使用人便捷地发现管路泄漏等安全隐患,防止气体发生不正常泄漏导致意外事故,本标准规定燃气汽车应安装气体泄漏报警装置。《机动车运行安全技术条件》(GB 7258—2017)12.6.7条款规定,气体燃料车辆应安装泄漏报警装置,所有管路接头处均不应出现漏气现象,本部分标准与其表述基本一致。

第九节 标准实施的过渡期

9 标准实施的过渡期

9.1 4.8、5.8、6.7和7.3的规定自本标准实施之日起第13个月开始对新生产车型实施。

9.2 6.4、6.5和8.1的规定自本标准实施之日起第25个月开始对新生产车型实施。

9.3 4.7和5.10的规定自本标准实施之日起第37个月开始对新生产车型实施。

条文释义

本节是对标准实施的过渡期要求。本标准在充分征求相关部门和单位意见的基础上,对标准中涉及车辆性能与配置等方面的技术要求给予了实施过渡期。根据过渡期长短的不同,共分为三类:一类是自标准发布实施之后第13个月开始实施,二类是自标准发布实施之后第25个月开始实施,三类是自标准发布实施之后第37个月开始实施。类别划分的主要依据就是综合考虑实施标准要求的相关产品技术成熟度、车辆产品的开发周期与成本以及测试评价技术的适应性等方面。

第十节　附录A《汽车爆胎应急安全装置性能要求和试验方法》

A.1　性能要求

A.1.1　爆胎后转向性能

车辆爆胎后转向性能应符合以下规定:

a) 按A.2.2.1的试验方法,车辆直线行驶过程中转向轴一侧轮胎发生爆胎时,汽车应能通过操纵转向盘维持在爆胎前的预定轨迹上行驶,行驶过程中作用于转向盘外沿上的切向力增量不大于50N;

b) 按A.2.2.2的试验方法,车辆弯道行驶过程中转向轴一侧轮胎发生爆胎时,汽车应能通过操纵转向盘维持在爆胎前的预定轨迹上行驶,行驶过程中作用于转向盘外沿上的切向力增量不大于50N;

c) 按A.2.2.3的试验方法,爆胎后车辆以规定的速度行驶,能够有效规避前方障碍物,且转向操纵力不大于245N。

条文释义

A.1.1条为安装爆胎应急安全装置后车辆的转向性能要求。相比《营运客车爆胎应急安全装置技术要求》(JT/T 782—2010)中转向性能的要求,一方面是引用了JT/T 782—2010中直线路爆胎后转向盘外沿上的切向力增量不大于50N的要求;另一方面增加了弯道路爆胎后转向盘外沿上的切向力增量不大于50N的要求和爆胎后车辆以规定的速度行驶,能够有效规避前方障碍物,且转向操纵力不大于245N的要求。根据目前的验证试验,试验数据基本符合上面转向性能要求,同时爆胎后规避障碍物转向操纵力的规定也与国家强制性标准《汽车转向系基本要求》(GB 17675—1999)汽车转向系基本要求中"以10km/h车速、24m转弯直径前行转弯时,不带助力时转向力应小于245N"的要求一致。

A.1.2 爆胎后制动性能

按A.2.3的试验方法,车辆转向轴一侧轮胎发生爆胎后,其制动距离及制动稳定性应符合表2-7的规定。

制动距离及制动稳定性要求 表2-7

制动项	制动初速度(km/h)	发动机接合的0型制动试验制动距离要求(m)	制动稳定性要求
直线制动	60	≤40	车辆不超出3.7m宽度的试验通道边缘线
弯道制动	50	≤30	车辆不超出3.7m宽度的试验通道边缘线

条文释义

A.1.2条为安装爆胎应急安全装置后车辆的制动性能要求。相比《营运客车爆胎应急安全装置技术要求》(JT/T 782—2010)标准中的制动性能要求,本标准加严了爆胎后制动性能的要求。爆胎后发动机接合的0型制动试验制动距离是参考《商用车辆和挂车制动系统技术要求及试验方法》(GB 12676—2014)的性能要求,并稍微放宽了制动距离的限值。根据目前的验证试验,试验数据基本满足上述制动距离限值要求。

标准条文

A.1.3　爆胎后汽车续行距离

车辆转向轴一侧轮胎发生爆胎后，汽车爆胎应急安全装置应能维持车辆可控行驶不小于1.0km。

条文释义

A.1.3 条为安装爆胎应急安全装置后车辆续行距离要求，这一要求跟《营运客车爆胎应急安全装置技术要求》（JT/T 782—2010）的要求一致。

A.2　试验方法

A.2.1　试验条件和试验车辆的准备

装有爆胎应急安全装置的载货汽车，其试验条件和试验车辆的准备工作应符合 GB/T 12534 的规定。

条文释义

A.2.1 条规定了装有爆胎应急安全装置的载货汽车，其试验条件和试验车辆的准备工作。

A.2.2　转向性能试验

A.2.2.1　试验车辆沿直线以60km/h 的车速匀速行驶，模拟转向轴一侧轮胎发生爆胎，保持试验车辆继续维持直线行驶，用转向盘测力计测量车辆爆胎前后维持直线行驶过程中施加于转向盘外缘的最大切向力值，并计算爆胎后最大切向力的增量。

条文释义

A.2.2.1 驾驶员驾驶车辆以60km/h的车速匀速直线行驶,待车辆稳定后,引爆转向轴任一侧的轮胎,驾驶员稳定车辆继续直线行驶,连续记录爆胎前后驾驶员施加在转向盘外缘上的切向力。

标准条文

A.2.2.2 试验车辆沿半径为150m的弯道以50km/h的车速等速行驶,模拟转向轴一侧轮胎发生爆胎,用转向盘测力计测量车辆爆胎前后维持弯道行驶过程中施加于转向盘外缘的最大切向力值,并计算爆胎后最大切向力的增量。

条文释义

A.2.2.2 驾驶员驾驶车辆以50km/h的车速在半径为150m的弯道上等速行驶,待车辆稳定后,引爆转向轴任一侧的轮胎,驾驶员稳定车辆在弯道上行驶,连续记录爆胎前后驾驶员施加在方向盘外缘上的切向力。

标准条文

A.2.2.3 爆胎后驾驶试验车辆以50km/h的车速绕桩行驶,测量行驶过程中施加于转向盘外缘的切向力,并计算转向盘转向力峰值的平均值。试验过程中车辆不得碰倒标桩,标桩按图2-23布置,标桩间距应符合表2-8的要求。

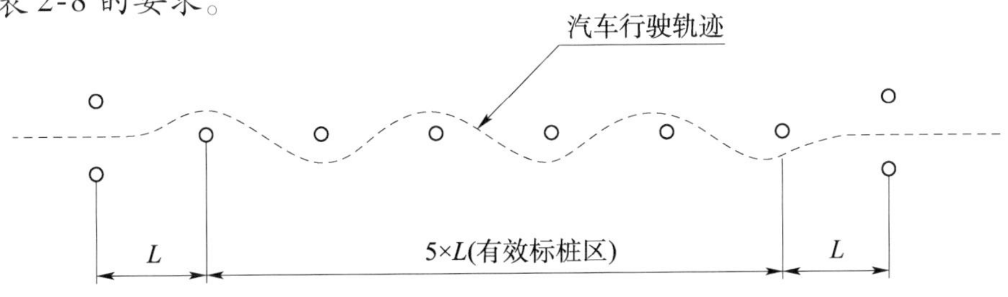

图2-23 标桩布置

标 桩 间 距　　表 2-8

汽 车 类 型	标桩间距 L(m)	汽 车 类 型	标桩间距 L(m)
N_2 类	30	N_3 类	50

条文释义

A.2.2.3 爆胎后的绕桩试验可以在 A.2.2.1 试验后进行，也可以单独进行。在进行此项试验时，试验过程中车辆不得碰倒任一标桩。

A.2.3　制动性能试验

A.2.3.1　试验车辆爆胎后以 60km/h 的初始车速（偏差应在规定值的 ±2% 之内），按 GB 12676 的试验方法进行一次发动机接合的 0 型制动试验，测量并记录车速、制动距离和车辆停止后与试验通道边缘线的距离等参数。

条文释义

A.2.3.1 的试验可以在完成 A.2.2.1 和 A.2.2.3 试验后进行，也可以单独进行。

标准条文

A.2.3.2　试验车辆爆胎后沿半径为 150m 的弯道以 50km/h 的车速匀速行驶（偏差应在规定值的 ±2% 之内），在此车速下进行一次发动机接合的 0 型制动试验，测量并记录车速、制动距离和车辆停止后与试验通道边缘线的距离等参数。

条文释义

A.2.3.2 的试验可以在完成 A.2.2.2 试验后进行，也可以单独进行。

A.2.4　爆胎后续行能力试验

A.2.4.1 装有爆胎应急安全装置的试验车辆,按照A.2.2或A.2.3的方法进行试验,测量并记录试验车辆自轮胎发生爆胎后的正常行驶里程。

A.2.4.2 行驶里程内可开展其他试验,相应的试验里程应计入连续行驶里程内。

条文释义

A.2.4条规定了爆胎后续驶里程能力的试验方法。

第十一节 附录B《车辆直角弯道通过性试验方法》

《半挂牵引车与半挂车匹配技术要求》(QC/T 912—2013)与《汽车、挂车及汽车列车外廓尺寸、轴荷及质量限值》(GB 1589—2016)等标准中,均规定了车辆通过性试验方法。本附录规定的试验方法是在参考上述标准的基础上进行改进后得到的。

B.1 试验道路

试验路面应为平坦、干燥、整洁的铺装路面。试验规定的路线由三部分组成:直线驶入路段、半径为12.5m的90°圆弧路段,以及直线驶出路段。两直线路段分别在与圆弧路段的交点处与圆弧相切,如图2-24所示。

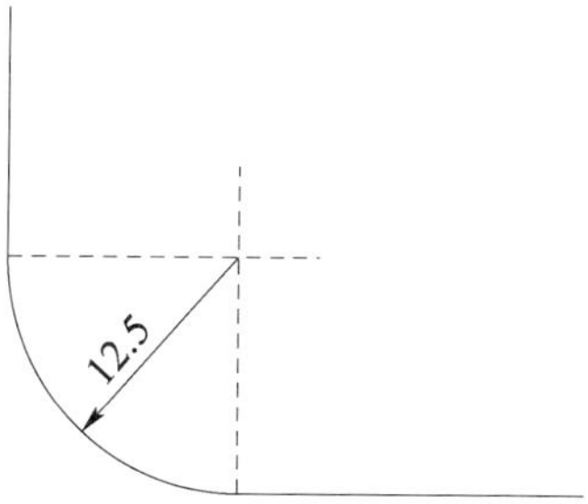

图2-24 直角弯道通过性测试示意图

条文释义

本条款规定了直角弯通过性的试验道路,包括直线路段和弯道路段的要求。试验路线与《半挂牵引车与半挂车匹配技术要求》(QC/T 912—2013)中规定相同。

B.2　试验方法

B.2.1　车辆空载、以直线状态停于试验路面上。沿车辆最外侧部位向地面做投影，该投影线为试验规定路线中直线驶入路段。

B.2.2　车辆起步，以不超过5km/h的车速由直线行驶过渡到图2-24所述的直角弯道。

B.2.3　转弯结束后，试验车辆应沿直线路段继续行驶一段距离，以保证试验能够测得车辆的转弯通道最大宽度。

B.2.4　在驶入、转弯和驶出过程中应保证车辆前外侧在地面上的参考点与规定路线一致，轨迹偏差不应超过50mm。

B.2.5　记录车辆内侧在地面投影的运动轨迹。

B.2.6　车辆应按上述过程，沿顺时针和逆时针行驶方向各进行一次试验。

条文释义

本条款规定了直角弯通过性的试验方法，包括车辆装载状况、试验车速、试验次数等。借鉴《汽车、挂车及汽车列车外廓尺寸、轴荷及质量限值》（GB 1589—2016）使得车辆在试验过程中前外侧部位在地面上的参考点始终与路线一致。根据试验要求，该试验需要测量车辆的转弯通道最大宽度，经整车道路试验实际测量发现，最大通道宽度在列车最后轴驶入圆弧内45°~60°的区间内（图2-25）。因此，为便于测量和对比分析，统一取车辆最后轴驶入圆弧内45°、60°时内径，作为判定弯道通过性好坏的依据。12.5m的圆弧半径减去测量点的内径，就是车辆通道宽度。如果测量点的内径大于7.5m，这说明车辆的通道宽度小于5.0m，此时车辆具有良好的弯道通过性。否则，车辆的通道宽度不满足标准要求。

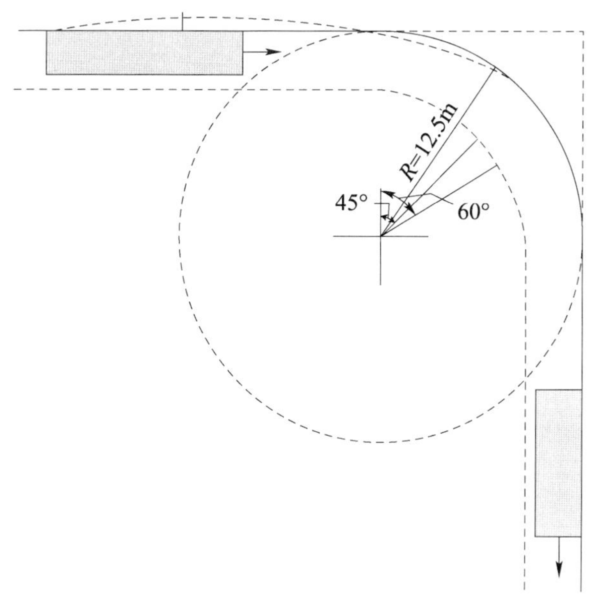

图2-25 直角弯通过性的试验方法

试验仪器要求:直杆、卷尺、胶带、铅锤、粉笔等。

试验过程中注意事项:

(1)用于对准路线的直杆通常安装在车辆驾驶室左右前端位置,安装过程中应使直杆与地面垂直。

(2)试验分顺时针和逆时针两个方向行驶,当试验路线在驾驶员左侧时,试验过程中可由驾驶员本人进行路线瞄准,也可由一名试验员引导驾驶员按规定路线行驶。当试验路线在驾驶员右侧时,则建议由一名试验员对驾驶员进行引导。

B.3 试验结果

测量车辆在试验过程中的转弯通道最大宽度,试验结果取顺时针和逆时针两次测试结果的平均值,按GB/T 8170修约到小数点后一位,单位为米(m)。

条文释义

本条款规定了试验数据的处理方法，包括转弯通道最大宽度的计算等。

第十二节　附录C《驾驶室结构强度试验方法和生存空间检验用人体模型要求》

标准条文

C.1　试验要求

C.1.1　驾驶室结构强度试验方法包括驾驶室正面撞击试验(试验A)、驾驶室双A柱撞击试验(试验B)、驾驶室顶部强度试验(试验C)和驾驶室后围强度试验(试验D)，可选择1个~4个驾驶室进行试验。

条文释义

此条款对检测驾驶室结构强度提出了具体的要求，一个完整的驾驶室结构强度试验应进行驾驶室正面撞击试验(试验A)、驾驶室双A柱撞击试验(试验B)、驾驶室顶部强度试验(试验C)和驾驶室后围强度试验(试验D)4个项目；同时该条款对试验样品的数量进行了说明，制造商可以视情选择一个驾驶室进行一项试验，或者一个驾驶室进行多项试验，但每一项试验的样品状态应满足相关的标准要求。

标准条文

C.1.2　N_1类和最大设计总质量不超过7500kg的N_2类车辆应进行试验A、试验C和试验D。

C.1.3　N_3类和最大设计总质量超过7500kg的N_2类车辆应进行试验A、试验B、试验C和试验D。

条文释义

C.1.2条和C.1.3条分别明确了N_1、N_2和N_3类车型应进行的具体试验项目。即对于N_1类和最大设计总质量不超过7500kg的N_2类车辆应进行试验A、试验C和试验D;对于N_3类和最大设计总质量超过7500kg的N_2类车辆应进行试验A、试验B、试验C和试验D。上述规定既充分采用了新版ECE R29法规的相关要求,又根据我国当前货运车辆装载管理要求的现状继续保留了原有法规对于驾驶室后围强度的试验要求。

标准条文

C.1.4 试验A仅适用于平头车。

C.1.5 试验C仅适用于驾驶室和车辆底盘通过机构连接且驾驶室与货箱相互独立的车辆。

条文释义

C.1.4条和C.1.5条主要就一些特殊形式的车辆如何进行试验进行了说明。C.1.4说明了试验A正面撞击试验只适用于平头载货汽车,因为对于长头载货汽车来说,正面撞击对于驾驶室乘员舱的影响较小,正面撞击试验达不到检验驾驶室结构强度的目的,而且长头载货汽车本身具有正面撞击的结构优势,此条款与《商用车驾驶室乘员保护》(GB 26512—2011)中关于长头载货汽车的要求一致。

C.1.5说明了试验C只适用于具有独立驾驶室的车辆,所谓具有独立驾驶室的车辆指的是驾驶室和车架之间是通过明确的连接机构进行连接的;同时,驾驶室和货厢是相互独立的,也就是我们常说的厢式货车,不包括封闭式货车。

C.1.6 驾驶室内每个座位均应进行生存空间的检验。

条文释义

按照附录C的要求，每项试验后对于驾驶室内的每个座位都应进行生存空间的检验，保证实际发生相关撞击事故后，驾驶室内每个座位上驾乘人员均具有足够的生存空间。

标准条文

C.1.7 当车型符合GB 11551的规定，视为通过试验A。

条文释义

当车辆满足《汽车正面碰撞乘员保护》(GB 11551—2014)时，可以视为通过试验A，因为《汽车正面碰撞乘员保护》(GB 11551—2014)已经在正面碰撞方面对车内乘员的安全进行了考核，而且还更加严格。因此，如果通过了《汽车正面碰撞乘员保护》(GB 11551—2014)的检验，那么货车驾驶室正面摆锤撞击试验可以免做。

标准条文

C.1.8 试验后进行驾驶室生存空间检查时，可使用以下人体模型或替代品：

a) C.4所规定的人体模型；

b) 解体C.4所规定的人体模型，调整座椅位置，放入驾驶室后再组装人体模型，并使其 *H* 点与座椅 *R* 点重合，最后将座椅前移至中间位置以评定生存空间；

c) 50% Hybrid Ⅱ或者50% Hybrid Ⅲ假人。

条文释义

此条款说明了试验后检验驾驶室的生存空间的人体模型要求。根据条款C.1.8的规定,试验后检验生存空间可以使用C.4所规定的人体模型,也可以使用50% Hybrid Ⅱ或者50% Hybrid Ⅲ假人,因为C.4规定的人体模型尺寸与50% Hybrid Ⅱ或者50% Hybrid Ⅲ假人外观尺寸基本一致。检验生存空间摆放人体模型时,如果试验后无法将人体模型整体放置到座椅上,为了便于检验,可以先将座椅调整到最后位置,把人体模型解体后分步放入驾驶室内,然后再组装成人体模型,但是此时要使人体模型的H点与座椅的R点重合,最后将座椅前移至中间位置以评定生存空间。

C.2 试验方法

C.2.1 试验准备

C.2.1.1 试验前,驾驶室的车门应关闭但不锁止。

C.2.1.2 对于试验A,车辆应安装发动机或安装质量、尺寸和安装装置与发动机相当的模型。

C.2.1.3 驾驶室应安装转向机构、转向盘、仪表板以及驾驶员和乘员座椅。转向盘和座椅位置应调整到制造厂所规定的中间位置。

条文释义

C.2.1.1条至C.2.1.3条均为试验前车辆样品的技术状态要求。试验前,对车辆的状态规定有:驾驶室的车门应关闭但不锁止;驾驶室内转向盘和座椅位置应调整到汽车制造厂规定的中间位置;驾驶室悬置系统如果可调,则调节到制造厂规定的位置。对于样品的完整情况则有:驾驶室内应装有转向机构、转向盘、仪表板以及驾驶员和乘员座椅。但是对于试验A,样品应安装发动机或者是发动机的替代物,且该替代物在质量、安装方式、安装位置等方面需要与车辆发动机的实际情况等效。因为发动机质量一般较大,且通常安装在正面撞击时的直接撞击范围内,会承受相应的撞击力,因此为了保证真实的试验效果,对于车辆的发动机作了上述规定。

需要指出的是在ECE R29规定中,转向盘应调节到厂家指定的正常使用位置;本标准按新版要求转向盘应调节到汽车制造厂规定的中间位置,做出此项改变,主要是为了统一试验结果的判定。

标准条文

C.2.1.4　车辆或车架应按照C.3所述的方式进行固定,驾驶室固定按以下要求进行:

a)　试验A,驾驶室应安装在车辆上;

b)　试验B、试验C和试验D,制造厂可以选择驾驶室安装在车辆上或者安装在独立车架上。

条文释义

此条主要说明了试验样品的安装、固定情况。对于试验A,驾驶室应安装在车辆上进行;对于试验B、试验C和试验D,可以将驾驶室安装在车辆或者独立车架上。车辆或者独立车架的固定应满足C.3所述的要求。

标准条文

C.2.2　正面撞击试验(试验A)

C.2.2.1　撞击器应为钢制且质量均匀分布。撞击器质量大于或等于1500kg;撞击器的撞击面应为平整的矩形,棱边的圆角半径为(10±5)mm,如图2-26所示。

C.2.2.2　撞击器总成应为刚性结构,撞击器刚性地固定在两根自由悬吊的摆臂上。

单位为毫米

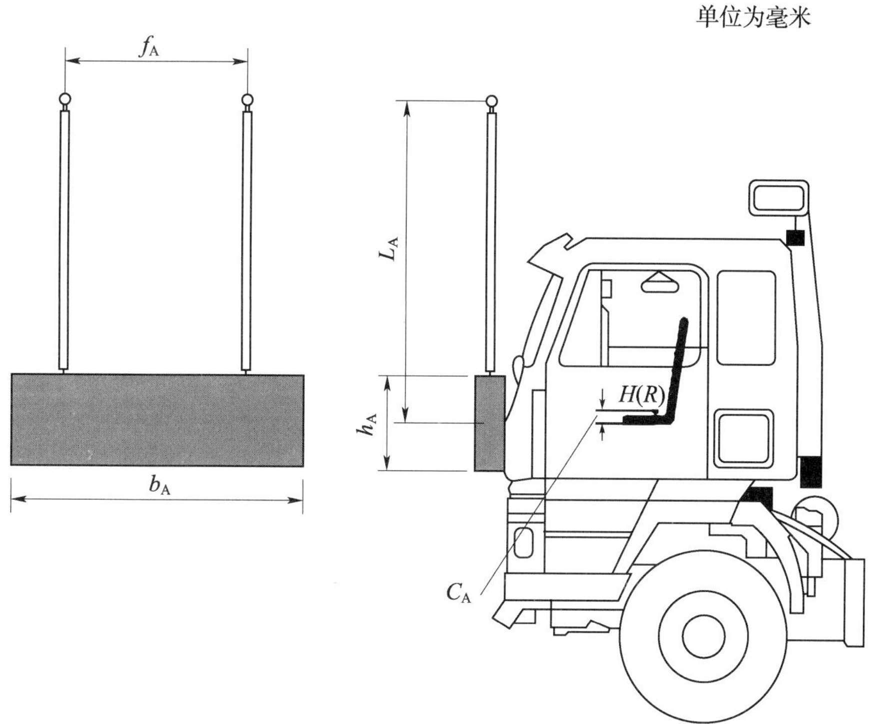

符　　号	尺　　寸	符　　号	尺　　寸
f_A	≥1000	L_A	≥3500
b_A	2500	C_A	50_0^{+5}
h_A	800		

说明:

H 点——通常为臀部点或臀部铰接点;

R 点——制造厂设定的设计 H 点位置,特别指定为 R 点;

f_A——摆臂间距;

b_A——矩形撞击器长度;

h_A——矩形撞击器高度;

L_A——悬吊轴到撞击器的几何中心;

C_A——撞击器质心与驾驶员座椅 R 点的距离。

图 2-26　正面撞击试验(试验 A)(调整左右撞击器的水平高度)

条文释义

C.2.2.1 至 C.2.2.2 条说明了正面撞击试验所用设备的相关情况，图 2-26 给出了摆锤及其摆臂的尺寸参数。此试验设备要求与 ECE R29 相关内容保持统一。需要说明的是，对于摆锤的悬吊，世界汽车制造商协会（OICA）建议采用刚性摆臂，主要基于以下考虑：

（1）经过研究发现，同样的碰撞能量，刚性悬吊相较于链条悬吊，严重程度要高大约 20%；因此在现有规定的能量条件下，所有的摆锤悬吊均应为刚性摆锤；

（2）采用刚性悬吊可以有效避免碰撞过程中出现的严重的重复性撞击问题。

标准条文

C.2.2.3　撞击器悬吊的位置应使其在垂直位置时满足下列要求：

a）　撞击器的撞击面与车辆的最前部相接触；

b）　撞击器质心（C_A）应低于驾驶员座椅 R 点 50_{0}^{+5}mm，且应位于车辆纵向中心平面上，如图 2-26 所示；

c）　撞击器质心应位于车辆纵向中心平面上。

条文释义

此条规定了撞击器悬吊的位置。撞击时，撞击器在垂直位置时（即撞击器下摆至铅锤位置时），撞击面与车辆的最前部相接触；撞击器的高低位置由车辆驾驶员座椅的 R 点位置决定，其质心应低于驾驶员座椅“R”点 50_{0}^{+5}mm。此外摆锤相对于车辆的左右位置也进行了规定，即撞击器质心应位于车辆纵向中心平面上。此条款中相关技术要求等同于 ECE R29 的相关要求。

标准条文

C.2.2.4　撞击器应沿平行于车辆的纵向中心平面，水平撞击驾驶室

前部。撞击能量要求如下:

a) N_1 类和最大设计总质量不大于7500kg 的 N_2 类车辆,撞击能量为29.4kJ;

b) N_3 类和最大设计总质量大于7500kg 的 N_2 类车辆,撞击能量为55kJ。

条文释义

此条规定了正面撞击试验时的撞击方向和撞击能量。此试验的目的是为了考核驾驶室在正面碰撞事故中的阻挡能力,正面撞击试验主要模拟的事故形态是货车追尾前方车辆或者货车撞击固定障碍物等正面碰撞事故形态。

撞击时刻,撞击器应该水平撞击驾驶室前部。撞击能量根据车辆质量的不同而不同,撞击能量分布和车辆质量的分布与ECE R29 相关内容保持统一。但是与现行国标差异较大,《商用车驾驶室乘员保护》(GB 26512—2011)试验A 中规定:对于 N_1 类和最大设计总质量不大于7000kg 的 N_2 类车辆,撞击能量为29.4kJ;对于 N_2 类和最大设计总质量大于7000kg 的 N_2 类车辆,撞击能量为44.1kJ。相较于现行国标,本标准规定的试验A 中对于车辆的分类界限由7000kg 提高到了7500kg;同时对于撞击能量的要求由原来的44.1kJ 提升到了55kJ,提高了近26%,如图2-27 所示。对于55kJ 的由来,也是在GRSP 会议上讨论了很久才妥协各方提议最终确定下来的,在讨论ECE R29(03 系列)实施建议中,刚开始对于正面摆锤撞击的能量,俄罗斯建议为78kJ,后来在各方发言中,戴姆勒等公司通过模拟验证指出,78kJ 的能量在货车驾驶室设计中会面临严重的技术困难;OICA 同样认为通过计算所示,在考虑刚性悬吊的情况下,即使再减少20%的能量,大约60kJ 的能量水平仍然非常严重。最终讨论,OICA 认为可以接受能量水平在50~60kJ。

当前的商用车撞击能量等级水平远低于乘用车正碰的能量等级水平，但这主要是考虑到乘用车一般有特定的能量吸收区域，而且在实际正面撞击事故中，乘用车的速度一般远高于货车。

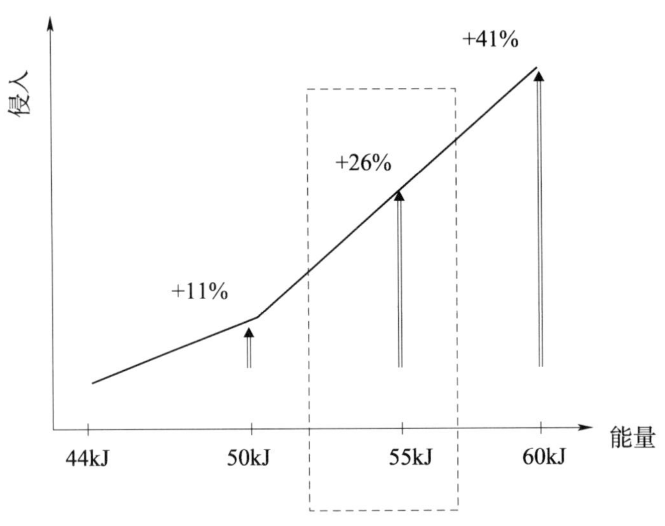

图2-27　能量等级和防火墙侵入关系

虽然商用车正面撞击能量低于乘用车，但是在当前本标准沿用ECE R29第二版55kJ的能量水平下，也能进一步加强对于重型货车驾驶室强度的考核。而往往在实际交通事故中，由于重型货车质量大，发生事故时撞击严重，其驾驶室的变形一般都比较严重，极易造成严重的伤亡后果。因此对于重型货车的考核相对于国标更进一步加强，也是本标准制定的初衷，切实提高重型货车驾驶室的结构安全性。

C.2.3　双A柱撞击试验(试验B)

C.2.3.1　撞击器应为钢制且质量均匀分布的圆柱体。撞击器质量不小于1000kg，棱边的圆角半径不小于1.5mm，撞击器如图2-28所示。

单位为毫米

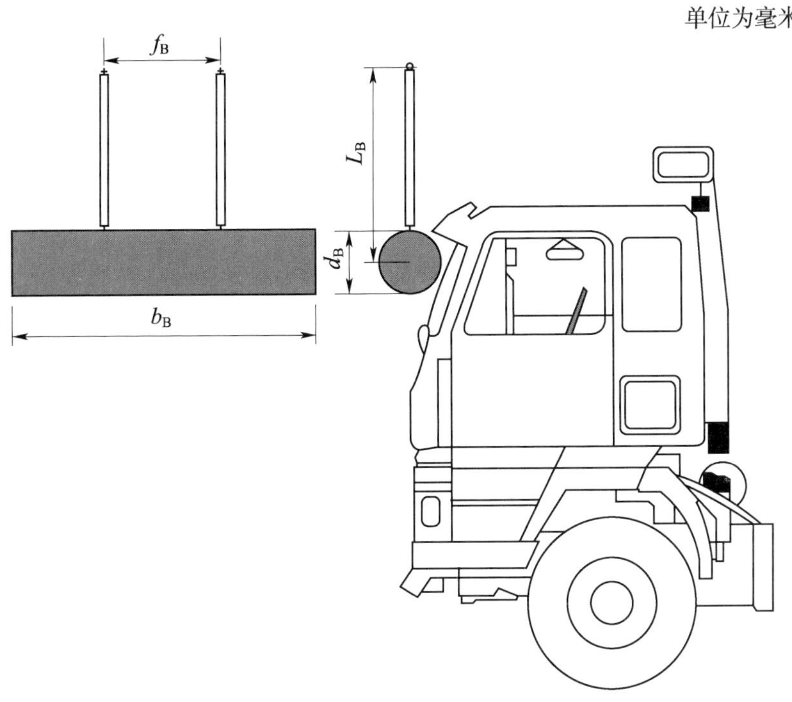

符　　号	含　　义	尺　　寸
f_B	摆臂间距	≥1000
b_B	矩形撞击器长度	≥2500
L_B	悬吊轴到撞击器的几何中心	≥3500
d_B	撞击器直径	600 ± 50

图 2-28　正面 A 柱撞击试验(试验 B)

C.2.3.2　撞击器总成应为刚性结构,撞击器刚性地固定在两根自由悬吊的摆臂上,如图 2-28 所示。

条文释义

C.2.3.1 至 C.2.3.2 条说明了正面 A 柱撞击试验用设备的相关情况,图 2-28 给出了摆锤及其摆臂的尺寸参数。此试验设备要求与 ECE R29 中相关内容保持统一。相较于现行的《商用车驾驶室乘员保护》(GB

26512—2011），双A柱撞击试验为新增的试验项目，此试验的目的是为了考核中重型货车驾驶室的A柱结构强度。此试验模拟的是车辆翻滚后撞击路边护栏或者大树等的实际交通事故形态（图2-29）。对于双A柱撞击试验，初期是在GRSP分会上由俄罗斯提出的，相较于双A柱撞击试验，瑞典提出了希望采用瑞典现行法规对驾驶室的单A柱撞击试验，但是瑞典方面同时也指出，采用单A柱的撞击试验形式，可能会对车企带来部分技术困难。经过多轮广泛讨论，最终决定对于重型货车采用俄罗斯的提议，即采用圆柱形摆锤，进行双A柱撞击试验，但是OICA还是提议规定圆柱摆锤的长度，即需大于等于2500mm，以便覆盖现代货车的宽度。最终在GRSP小组讨论会上确定采用双A柱的撞击形式，但是对于N_1类和小于等于7.5t的N_2类车辆不做要求。本标准对于双A柱的撞击试验方法等效采用最新版ECE R29，因此在上述问题中与最新版ECE R29保持统一。

图2-29　90°翻滚变形形态

标准条文

C.2.3.3　撞击器悬吊的位置应使其在垂直位置时满足下列要求：

a）　撞击器的撞击面与车辆的最前部相接触；

b）　撞击器纵向中心线应水平且垂直于驾驶室纵向垂直平面；

c）　撞击器质心应位于驾驶室前风窗上、下框架中间，且位于车辆纵

向中心平面上;

d) 撞击器长度应在车辆宽度范围内均匀分布,且完全覆盖两个A柱。

条文释义

此条规定了撞击器悬吊位置,且要求撞击器的长度能够覆盖车辆的宽度范围。此条款中相关技术要求等同于最新版ECE R29中的相关要求。

C.2.3.4 撞击器应以从前向后的方向撞击驾驶室,撞击方向应为水平方向且平行于车辆的纵向中心平面。撞击能量为29.4kJ。

条文释义

此条说明了双A柱撞击试验时的撞击方向和撞击能量。撞击时撞击器应该水平撞击驾驶室前风窗上、下框架中间,撞击能量为29.4kJ。需要注意的是,双A柱撞击试验只适用于最大设计总质量大于7500kg的车辆。

C.2.4 顶部强度试验(试验C)

C.2.4.1 不同类型车辆应按照下列要求试验:

a) 最大设计总质量大于7500kg的N_2类车辆和所有的N_3类车辆,应进行动态预加载试验(撞击器位置如图2-30的P1)和顶部静压试验(撞击器位置如图2-30的P2),且应用同一个驾驶室完成;

b) 最大设计总质量不大于7500kg的N_2类车辆和所有的N_1类车辆,只进行顶部静压试验。

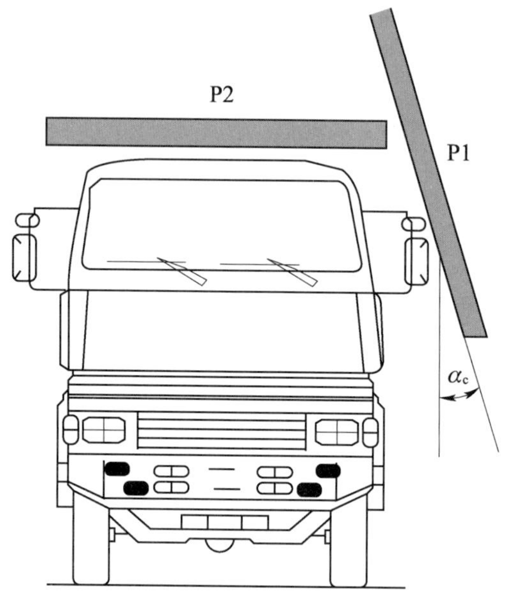

图2-30 顶部强度试验(试验C)

条文释义

C.2.4.1条规定了顶部强度试验的方法及适用车型。与《商用车驾驶室乘员保护》(GB 26512—2011)相比，顶部强度试验中的动态预加载试验P1为新增的试验项目。

顶部强度试验由两项试验组成，其主要模拟的事故形态是侧翻后又翻转了90°的事故过程，即全程翻转了180°。因此试验C也分为两个步骤进行，先进行动态预加载试验P1，即撞击驾驶室侧面，检验刚开始翻滚90°后驾驶室侧顶部的强度；接着进行顶部静压试验P2，检验驾驶室的顶部强度。试验要按照先P1后P2的顺序进行，且两个试验需要用一个驾驶室完成(图2-31)。对于最大设计总质量不大于7500kg的N_2类车辆和所有的N_1类车辆，只进行顶部静压试验P2；对于最大设计总质量大于7500kg的N_2类车辆和所有的N_3类车辆，则动态预加载试验P1和顶部静压试验P2都要进行。

对于此项试验的动态预加载试验,最新版 ECE R29 参考了美国汽车工程师学会 SAE 中的相关测试方法(图 2-32),对于该条意见的产生,也是俄罗斯和 OICA 联合提出的,这一提议实际上也是一个试验包含了事故的两个部分。动态预加载试验对于驾驶室悬置固定装置强度的检查超过了对驾驶室本身强度的检查,对于 17.6kJ 的撞击能量,OICA 也是经过了多次的试验验证。

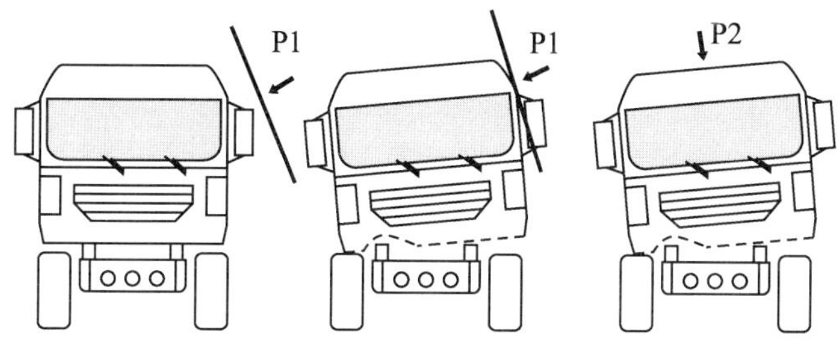

图 2-31 180°翻滚变形形态

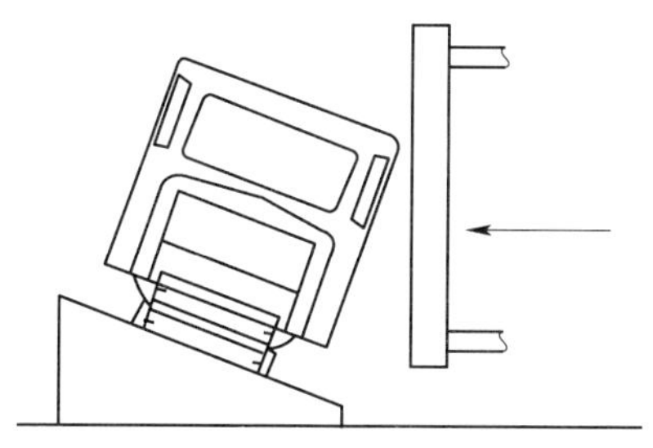

图 2-32 SAE J2422 中关于驾驶室侧顶部强度的试验方法

C.2.4.2 应按照下列要求进行动态预加载试验:

a) 撞击器应为钢制且质量均匀分布。撞击器质量不小于 1500kg;

b) 撞击器的撞击面应为平整的矩形,且应足够大(一般为 2500mm × 2500mm),以确保撞击器位于撞击位置时,驾驶室与撞击器边缘不发生接触。如果撞击器为摆锤，摆锤应刚性地固定在两根自由悬吊的摆臂上，摆臂间距(f_C)不小于1000mm，摆臂的长度(L_C)(从悬吊轴到摆锤的几何中心)不小于3500mm；

c) 撞击时刻，撞击器位置应满足下列要求：

1) 撞击器的撞击面与驾驶室纵向中心平面的夹角(α_C)为20°；

2) 撞击器撞击时，驾驶室可倾斜20°，或撞击器的撞击面倾斜20°。如果撞击器为摆锤，则驾驶室不能被倾斜20°，驾驶室应被安装在水平面上；

3) 撞击器的撞击面应覆盖驾驶室侧顶部全部边长；

4) 撞击器纵向中心线应水平且与驾驶室纵向中心线平行；

d) 撞击器撞击驾驶室侧顶部，撞击方向垂直于撞击器的撞击面和驾驶室纵向中心线。在满足撞击位置要求的情况下，可移动撞击器或者驾驶室来完成撞击试验。撞击能量为17.6kJ。

条文释义

此条规定了撞击器及其附属设备的质量、尺寸以及撞击时刻与车辆的布置位置等。此条所述的撞击器适用于顶部强度试验中的动态预加载试验P1。需要注意的是，对于撞击器的选择可以是摆锤，也可以是其他形式的撞击器，比如壁障车等。如果撞击器不是摆锤形式的，那么试验时，既可以将驾驶室倾斜20°，也可以将撞击器倾斜20°。但是如果撞击器为摆锤，则只能将摆锤倾斜20°，此时驾驶室为水平状态。因为如果将驾驶室倾斜20°，那么摆锤撞击时刻为水平状态，但是接下来摆锤将会在惯性的作用下向上摆，此时的试验过程与实际的事故过程不符合，因此采用摆锤撞击时，车辆不能被倾斜。

标准条文

C.2.4.3 顶部静压试验应符合以下要求:

a) 加载压板应为钢制且质量均匀分布。加载压板的加载面应为矩形平面,加载时应确保驾驶室与加载压板边缘不发生接触;

b) 加载设备与其支撑结构之间应具有直线导向系统,加载过程中允许驾驶室顶部向非撞击侧的横向移动;

c) 加载时,加载压板位置应满足以下要求:

1) 加载压板平行于车架X-Y平面(图2-30);

2) 加载压板运动方向平行于车架垂直轴线;

3) 加载压板覆盖整个驾驶室车顶部;

4) 加载力为车辆前部的一个轴或多个轴的最大轴荷的静载荷,最大为98kN。

条文释义

此条主要就顶部强度试验中的顶部静压试验P2的相关要求进行了说明,此试验与现行的《商用车驾驶室乘员保护》(GB 26512—2011)中的试验方法一致。需要注意的是,如果试验样品先进行了动态预加载试验P1,则进行此项试验P2时,允许驾驶室顶部向非撞击侧的横向移动。

标准条文

C.2.5 后围强度试验(试验D)

通过置于车架上的不小于整个后围的刚性壁障,施加在车架以上部分的驾驶室后围上。刚性壁障应垂直于车辆的纵向中心轴线,且平行于中心轴线移动,如图2-33所示。加载力为车辆最大允许装载质量每1000kg施加1.96kN的静载荷。

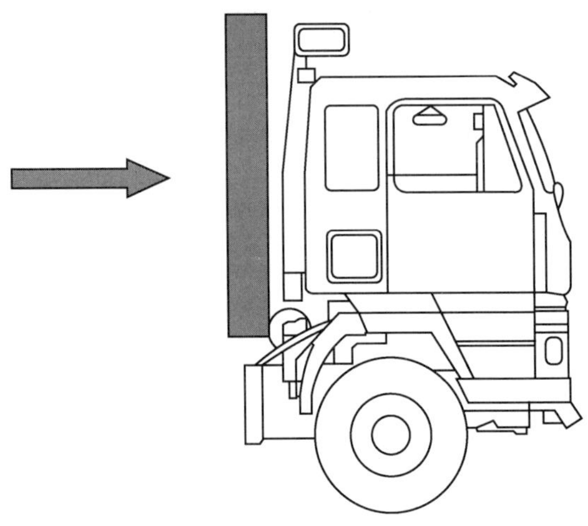

图 2-33　后围强度试验（试验 D）

条文释义

此条主要就驾驶室后围强度试验的相关要求进行了说明，此试验与现行的《商用车驾驶室乘员保护》（GB 26512—2011）中的试验方法一致。与最新版 ECE R29 相比，此条为增加的试验项目，ECE R29 已经取消了后围试验，因为欧盟的交通事故数据显示由于货物的侵入造成的伤亡率不足 1%，而且欧盟目前的法规要求车体制造商要对货箱前墙的强度负责，而不是对驾驶室的后围强度负责，因此欧盟本身从自己的法规角度规定了货箱前围的强度，取消了驾驶室后围的强度试验。但是在当前国内标准、法规中，对于货物运输中栓紧固定，以及货箱强度等的规定尚不完善，存在一定的安全隐患。因此有必要继续保留后围强度试验，以加强驾驶室后围强度、确保货物运输行车过程中的安全。

标准条文

C.3　车辆在试验台上的固定

C.3.1　正面撞击试验（试验 A）

驾驶室应安装在车辆上，并按下述方法将车辆固定（图 2-34）：

a) 固定用链条或钢丝绳应为钢制,并且至少能承受10000kg的拉力;

b) 车架的纵梁应安放在横跨车架全宽的枕木垫架上,枕木垫架的长度不小于150mm。枕木垫架的前边缘不应位于驾驶室最后点的前面,也不应位于轴距中点的后面。车架应处于车辆满载时的状态;

c) 车架纵向固定,应将链条或钢丝绳(以下统称钢丝绳)A系固在车架前端,以限制车架后移。系固点应对称于车架纵向中心线,两个系固点的距离不小于600mm。钢丝绳A张紧后向下与水平线的夹角不应大于25°,在水平面上的投影与车辆的纵向轴线的夹角不大于10°。钢丝绳可互相交叉;

d) 车架横向固定,应用钢丝绳B对称地拴系在车架纵向中心线的两侧,以限制车架横向移动。车架上的拴系点距车辆前端不小于3m,且不大于5m。钢丝绳B张紧后向下与水平线的夹角不大于20°,在水平面上的投影与车辆的纵向轴线的夹角不大于45°,且不小于25°;

e) 钢丝绳的张紧力和后部固定应满足以下要求:

  1) 首先将钢丝绳C用1000N的力张紧,然后所有钢丝绳A和钢丝绳B张紧,使钢丝绳C的张紧力不小于10000N;

  2) 钢丝绳C与水平线的夹角不大于15°;

  3) 在车架与地面之间于D点施加不小于500N的垂直拉力;

f) 根据制造厂的要求,可以将驾驶室安装在专用台架上进行试验,但应证明这种安装方式和在车辆上的安装方式是等效的。

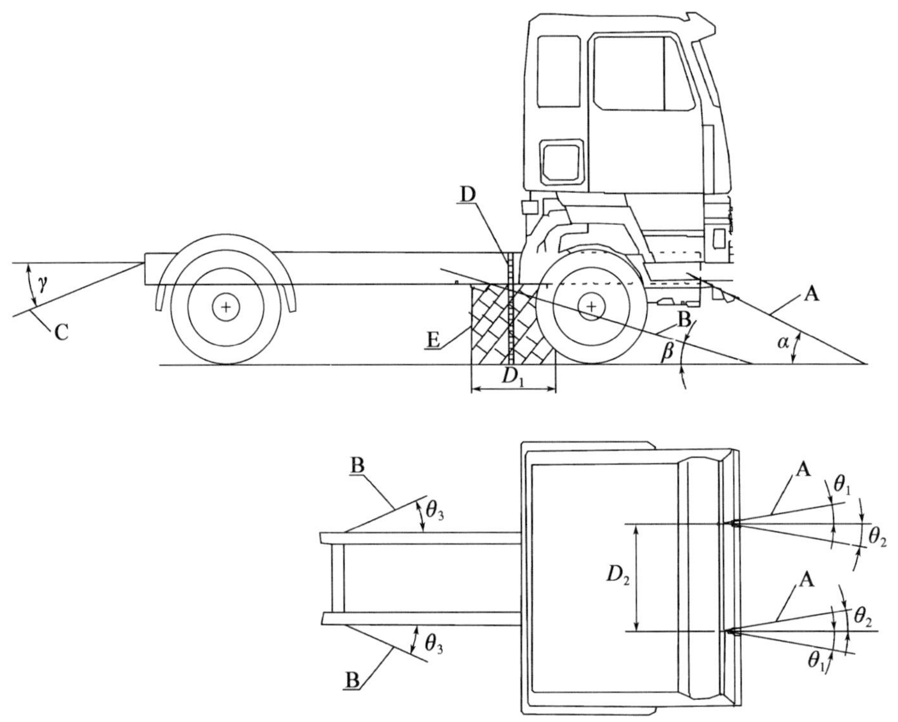

符号	含　义	尺寸
θ_1	车架纵向固定时,链条或钢丝绳A张紧后在水平面上的投影与车辆的纵向轴线的夹角(°)	≤10
θ_2		≤10
θ_3	车架横向固定时,链条或钢丝绳B张紧后在水平面上的投影与车辆的纵向轴线的夹角(°)	$25 \leq \theta_3 \leq 45$
γ	车架后部固定时,链条或钢丝绳C与水平线的夹角(°)	≤15
β	车架横向固定时,链条或钢丝绳B张紧后向下与水平线的夹角(°)	≤20
α	车架纵向固定时,链条或钢丝绳A张紧后向下与水平线的夹角(°)	≤25
D_1	枕木垫架的长度(mm)	≥150
D_2	两个系固点的距离(mm)	≥600

说明：

A～D——钢丝绳或链条；

E——枕木。

图2-34　正面撞击试验(驾驶室安装在车辆上)

条文释义

此条规定了正面撞击试验A时，驾驶室的安装固定要求，与现行的《商用车驾驶室乘员保护》(GB 26512—2011)中的固定方法一致。需要注意的是，进行试验A时，一般应松开驻车制动器操纵杆，挂入空挡，否则试验后可能会对车辆动力系统产生较大破坏，并造成车辆移动困难。

C.3.2　双A柱撞击试验(试验B)

C.3.2.1　驾驶室安装在车辆上(图2-34)

应挂挡拉驻车制动器，并用楔块楔住前轮，确保在试验中车辆无明显的移动。

C.3.2.2　驾驶室安装在车架上

应保证在试验中车架无明显的移动。

条文释义

C.3.2.1和C.3.2.2条分别就双A柱试验时，驾驶室在车辆上和驾驶室在独立车架上两种情况下如何固定样品进行了说明。如果试验时驾驶室安装在车辆上，则按照试验A的固定方式固定，但是为了保证车辆无明显移动，应挂挡拉驻车制动器，并用楔块楔住前轮。当驾驶室安装在独立车架上时，只要保证试验中车架无明显移动即可，固定方法不做特别要求。

C.3.3　顶部强度试验(试验C)

C.3.3.1　驾驶室安装在车辆上

应挂挡拉驻车制动器，并用楔块楔住前轮，确保在试验中车辆无明显的移动。悬架相关(弹簧、轮胎等)各部件的变形通过应用刚体构件的方式予以消除。

C.3.3.2　驾驶室安装在车架上

应保证在试验中车架无明显的移动。

条文释义

C.3.3.1 和 C.3.3.2 条就顶部强度试验时，对于车辆的固定提出要求。当驾驶室安装在车辆上时，固定好后，要确保试验中车辆无明显的移动。并且试验前悬架相关部件（弹簧、轮胎等）的变形通过应用刚体构件的方式予以消除。当驾驶室安装在独立车架上时，只要保证试验中车架无明显移动即可，固定方法不做特别要求。

标准条文

C.3.4　后围强度试验（试验 D）

C.3.4.1　驾驶室安装在车辆上

应挂挡拉驻车制动器，并用楔块楔住前轮，确保在试验中车辆无明显的移动。

C.3.4.2　驾驶室安装在车架上

应保证在试验中车架无明显的移动。

条文释义

此 C.3.4.1 和 C.3.4.2 条就后围强度试验时，对于车辆的固定提出要求。当驾驶室安装在车辆上时，固定好后，要确保试验中车辆无明显的移动。当驾驶室安装在独立车架上时，只要保证试验中车架无明显移动即可，固定方法不做特别要求。

C.4　用于检验生存空间用人体模型

人体模型如图 2-35 所示，相关尺寸见表 2-9。

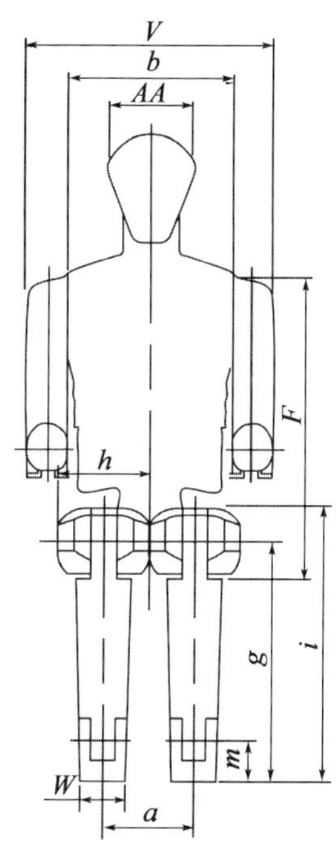

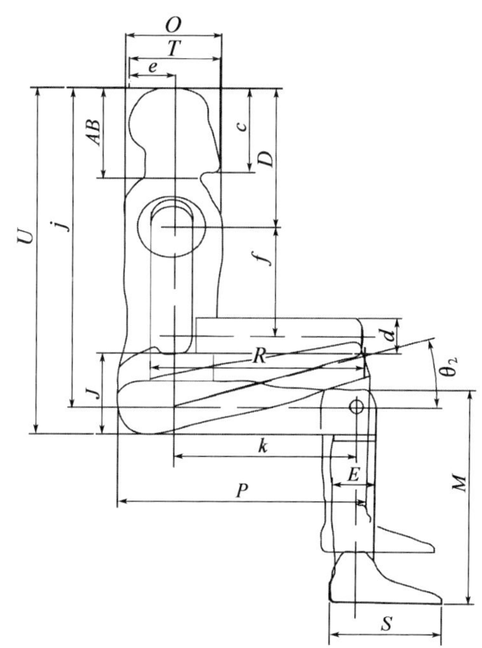

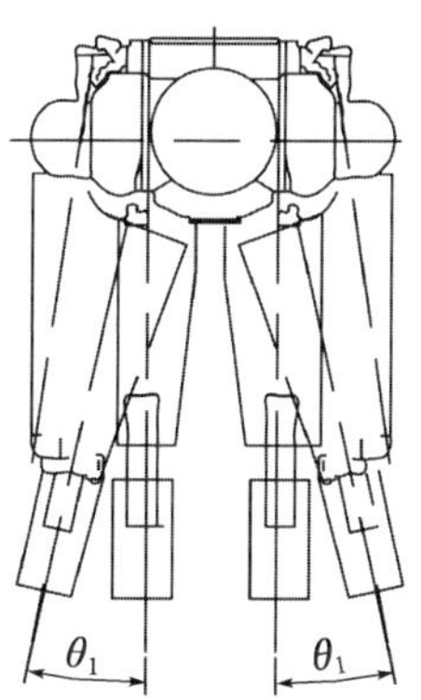

图 2-35 检验生存空间用人体模型

人体模型各部位尺寸　　表2-29

符号	含　义	尺寸	符号	含　义	尺寸
AA	头宽(mm)	153	*a*	髋骨宽(mm)	172
AB	头和颈的总高(mm)	244	*b*	胸宽(mm)	305
D	头顶至肩关节的距离(mm)	359	*c*	头顶至颌的高度(mm)	221
E	下腿侧面宽度(mm)	106	*d*	前臂厚度(mm)	94
F	臀至肩顶的距离(mm)	620	*e*	躯干垂直中心线至头后部的距离(mm)	102
J	肘靠高度(mm)	210	*f*	肩关节至肘关节的距离(mm)	283
M	膝高(mm)	546	*g*	膝关节至地面高度(mm)	505
O	胸厚(mm)	230	*h*	大腿宽(mm)	165
P	臀背至膝的距离(mm)	595	*i*	大腿上表面高度(坐时的)(mm)	565
R	肘至指尖的距离(mm)	490	*j*	头顶至*H*点的距离(mm)	819
S	足长(mm)	266	*k*	大腿关节至膝关节的距离(mm)	426
T	头长(mm)	211	*m*	踝关节至地面高度(mm)	89
U	臀至头顶的高度(mm)	900	θ_1	腿部侧向倾角(°)	20
V	肩宽(mm)	453	θ_2	腿部向上倾角(°)	45
W	足宽(mm)	77			

条文释义

此条就检验生存空间用人体模型的相关技术条件做了规定。此人体模型的技术条件与最新版ECE R29保持一致,但是与现行国标《商用车驾驶室乘员保护》(GB 26512—2011)中的人体模型差异较大,主要表现在以下几个方面:取消了对于人体模型材料的限制条件;取消了对于人体模型质量的限制条件;修改了假人的腿部结构,使其腿部可以向上45°和向外20°,如图2-36所示。

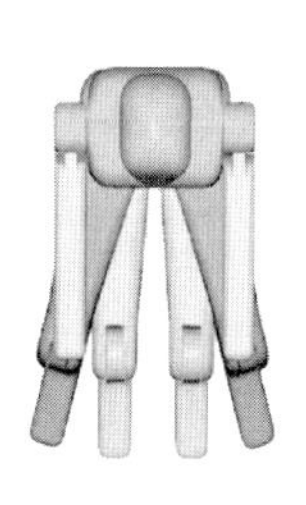
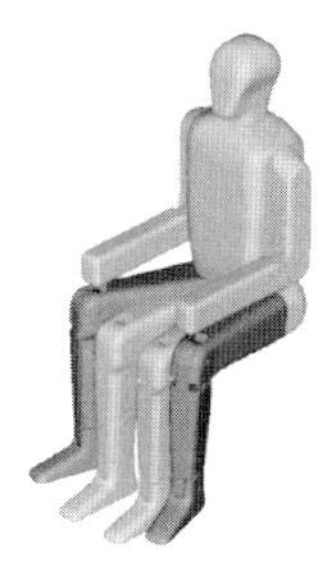
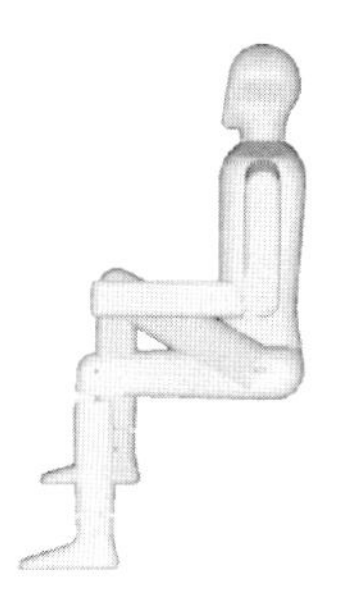
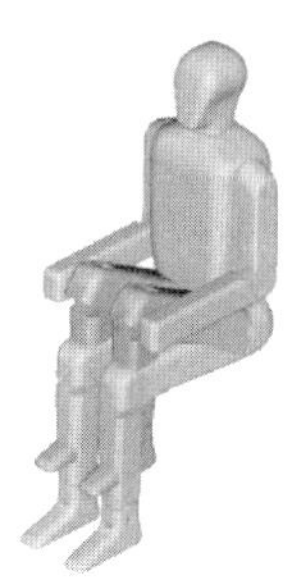

图 2-36 人体模型三维图

C.5 *H* 点确定

应按照 GB 26512—2011 附录 B 的规定确定 *H* 点。

此条为 *H* 点确定程序,与《商用车驾驶室乘员保护》(GB 26512—2011)附录 B 的规定保持一致。

C.6 三维坐标系

应按照 GB 26512—2011 附录 E 的规定确定三维坐标系。

此条定义了车辆的三维坐标系,与《商用车驾驶室乘员保护》(GB 26512—2011)附录 E 的规定保持一致。

C.7 有关乘坐位置的基准数据

应按照 GB 26512—2011 附录 F 确定有关乘坐位置的基准数据。

条文释义

此条说明了有关乘坐位置的基准数据，与《商用车驾驶室乘员保护》(GB 26512—2011)附录F确定有关乘坐位置的基准数据保持一致。

第十三节　附录D《载荷布置标识曲线绘制》

附录D与标准条款中的7.2条相对应，主要是用于解释载荷布置中最为重要的载荷布置标识曲线的画法，并给出了示例，对指导车辆生产企业绘制载荷布置标识曲线，意义重大。

D.1　载荷布置标识曲线构成

条文释义

本条介绍了载荷布置标识曲线的构成，包括横坐标、纵坐标以及相应的曲线线段，此外，还提出了货物装载质心的有效区域。

标准条文

D.1.1　载荷布置标识曲线是以货物质心位置为变量(横坐标)计算最大允许装载质量(纵坐标)的曲线。

条文释义

该条款规定了载荷布置标识曲线的横、纵坐标，即是以货物的质心位置为变量(横坐标)，通过计算求解其对应条件下的最大允许装载质量作为纵坐标，从而进行曲线的绘制。

车辆简图中驾驶室样式、车轴及车辆轮胎分布位置应与实际情况相接近。载荷分布曲线的起始点位置应为货箱内侧离驾驶室最近的可装货位置,即货箱最前部边缘位置,横坐标的长度为整个货箱内部的可装货区间长度,以米(m)为单位,每刻度1m。纵坐标为车辆的允许装载质量,以吨(t)为单位,最大刻度值在17t(含)以下的,纵坐标每刻度不大于1t,最大刻度值在17t以上的,每刻度不大于2t。

D.1.2 载荷布置标识曲线可由3条~5条线段构成。

条文释义

载荷布置标识曲线的限制条件包括五大因素,即前轴、后轴轴荷不超出车辆设计限值,总质量不超出车辆最大设计值,转向轴、驱动轴应保证最低轴荷。

由于车辆自身设计原因,某些条件下,装载一定载荷时,不论载荷放置在什么位置,均能满足载荷布置标识曲线要求,因此,在实际绘制过程中,可能造成曲线与其他曲线无交叉点,因此会存在缺少个别曲线段的情形(载荷分布曲线可能仅由其中的3~4条构成),直线段的距离宜大于0.2m或货箱可装货长度的10%。

标准条文

D.1.3 载荷布置标识曲线下方区域即为实际装载质量与货物总质心位置应坐落的区域。

条文释义

该条是为车辆生产企业和货运企业共同服务的,一方面是为了车辆生产企业对自己车辆的允许装载情况进行校核,另外一方面是为了指导货运企业进行合理的装载。货运企业在装载时,需评估不同装载质量下,货物对应的质心位置,以便货物装载后,车辆轴荷能够满足设计要求。因此，可以从载荷布置标识曲线上，直接读出该车型的最大允许装载质量。

D.2　曲线计算

D.2.1　力与物理符号

本附录中计算曲线所用到的符号及对应的物理量和单位见表2-10，相关标识如图2-37所示。

注：示例中的车辆货箱有效货物装载长度为7.25m，最大允许装载质量为9000kg。

参数定义　　表2-10

符号	含　　义	单位
m_F	车辆整备质量	kg
$VA_{载}$	车辆装载状态下，前轴轴荷	kg
$HA_{空}$	车辆空载状态下，后轴(组)轴荷	kg
$HA_{载}$	车辆装载状态下，后轴(组)轴荷	kg
R	前后轴间距离	m
l_1	车辆空载时，车辆质心位置	m
S	车辆前轴到货箱前壁内侧的距离	m
S_{Lx}	为保证操纵稳定性，转向轴最低载荷	%
ST	为保证牵引力，驱动轴最低载荷	%
x	变量，货物质心位置，以货箱前壁内侧为起始零点	m
m_{Lx}	在x位置，最大允许装载质量	kg
m_{Lxa}	在曲线“a”中x位置，最大允许装载质量	kg
m_{Lxb}	在曲线“b”中x位置，最大允许装载质量	kg
m_{Lxd}	在曲线“d”中x位置，最大允许装载质量	kg
m_{Lxe}	在曲线“e”中x位置，最大允许装载质量	kg

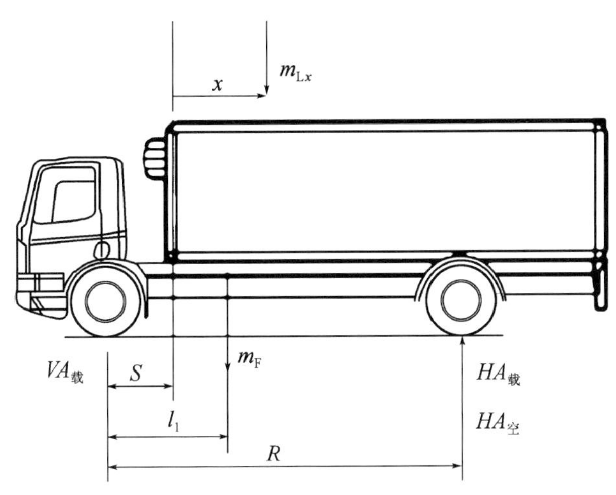

图2-37 车辆相关参数

条文释义

本条列出了计算中需要的相关变量,为了更方便的计算,以及符合车辆生产企业的设计习惯,可在实际计算中,增加一个变量 $VA_{空}$,该变量表示车辆空载状态下的前轴轴荷(kg),以便对车辆数据进行更好的列举。

在计算时,需要对车轴进行适当简化,最终简化成两轮模型,即将轴组简化成单根轴,单根轴上的总质量等于原来轴组上质量之和,但质心位置调整到轴组正中间。同样,对于双转向轴,也需要按照类似的方式进行简化,即按力矩平衡获得质心位置。需要注意的是,如果双转向轴简化后的质心位置落在货箱的后方,则曲线绘制时,相应的位置值取对应负值即可。

本示例中仅列举了1款两轴车型进行计算,车辆货箱的有效货物装载长度(有效可装货区间)为7.25m,最大允许装载质量为9000kg。

需要注意的是,双转向轴车辆(6×2,8×4)可能无法达到《汽车、挂车及汽车列车外廓尺寸、轴荷及质量限值》(GB 1589—2016)规定的最大总质量限值(25t,32t),这就要求企业合理进行总布置设计。

装载限值曲线的绘制是基于车辆力矩平衡，以其中的一轮作为支点，计算另一轮上的受力情况，通过变换货物的实际装载位置，从而确定最大允许装载质量。

计算时，首先需要确定车辆空载的质心位置以及车辆的整备质量（含上装），车辆生产企业可根据车辆设计值直接得出，也可通过实测求出。在求得空载质心位置后，再进行装载方程的求解与曲线计算。

计算时建议将各个物理量通过表格的方式进行列举，以便能够更为快捷的计算，假定图2-37示例车型的相关信息如表2-11所示。

样车尺寸、质量信息表　　表2-11

空载轴荷	轴（组）1 $VA_{空}=4t$	轴（组）2 $HA_{空}=2.8t$
满载轴荷	轴（组）1 $VA_{载}=6t$	轴（组）2 $HA_{载}=10t$
车辆最大允许总质量：15.8t		整备质量 $m_F=6.8t$
转向轴最低轴荷 $S_{Lx}=20\%$		驱动轴最低负载 $ST=25\%$
前后轴间距离 $R=5.7m$		车辆前轴到货箱前壁内侧的距离 $S=1.0m$

D.2.2条是针对车辆空载质心位置进行的求解，而D.2.3～D.2.7条则是依据7.2中各条款要求进行的力学求解以及对应曲线的绘制。

装载曲线由5大部分组成，可利用专用绘图软件、excel或其他辅助工具（Graphmatica、Graph等），绘制出相应的曲线，但各条曲线出现的相对位置需保持不变。

标准条文

D.2.2　空载状态下车辆质心位置

图2-36中空载状态下的车辆质心位置（l_1）根据式（2-3）计算：

$$l_1=\frac{HA_{空}\cdot R}{m_F} \tag{2-3}$$

条文释义

求解车辆空载状态下车辆质心位置，主要是为了在力矩计算时，方便

进行车辆稳定力矩的计算。求解方法如下:

以前轴接地点为支点,建立车辆空载状态下的力矩平衡公式,从而求出空载状态下的车辆质心位置(l_1),式(2-3)求解过程如式(2-4)和式(2-5)所示,求得 $l_1=2.3\text{m}$。

$$m_F \cdot l_1 = HA_{空} \cdot R \tag{2-4}$$

$$l_1 = \frac{HA_{空} \cdot R}{m_F} \tag{2-5}$$

标准条文

D.2.3 前轴最大承载限值曲线"a"

图2-38中的前轴最大承载限值曲线"a"根据式(2-6)计算:

$$m_{Lxa} = \frac{VA_{载} \cdot R - m_F \cdot (R - l_1)}{R - S - x} \tag{2-6}$$

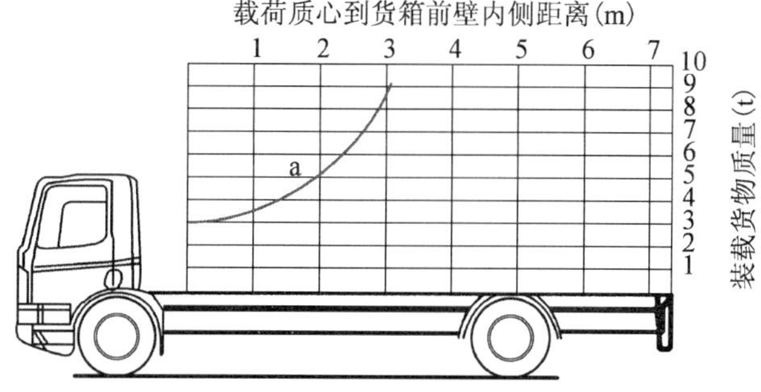

图2-38 前轴最大承载限值曲线"a"示意图

条文释义

该条款是为了保证车辆装货后,前轴(组)上的轴荷(承载)不超过车辆设计值或国家标准限值。具体求解过程如下:

将后轴(组)中心接地点作为支点,建立前轴(组)承载的力矩平衡方程:

$$VA_{载} \cdot R - m_F \cdot (R - l_1) - m_{Lxa} \cdot (R - S - x) = 0 \tag{2-7}$$

计算出 m_{Lxa} 与 x 的关系，见式(2-8)。

$$m_{Lxa}=\frac{VA_{载}\cdot R-m_F\cdot(R-l_1)}{R-S-x} \tag{2-8}$$

需要说明的是，$VA_{载}$ 可用车辆满载状态下的前轴（组）轴荷限值进行替代，因此对应示例车型，m_{Lxa} 可简化为

$$m_{Lxa}=\frac{6\times5.7-6.8\times(5.7-2.3)}{5.3-1-x}=\frac{11.08}{4.3-x} \tag{2-9}$$

需要注意的是，曲线位于整个载荷分布曲线的前半部分，且由于 x 在分母上，需注意分母变为零时的极限值，且通常绘图时，m_{Lxa} 的值只需要比车辆最大允许装载质量稍大一些即可，曲线“a”如图2-39所示。

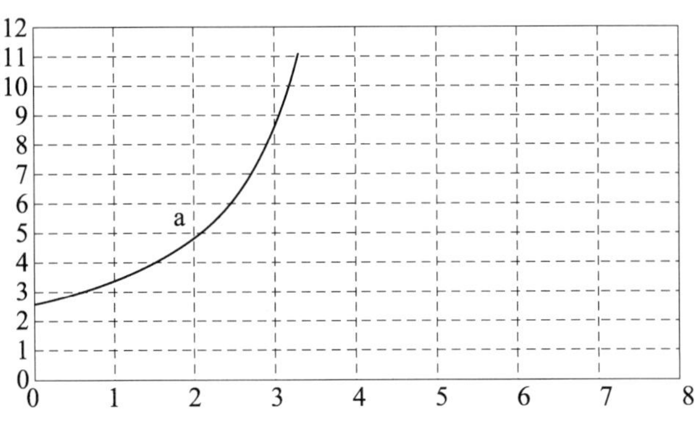

图2-39　前轴（组）最大承载限值曲线“a”示意图

标准条文

D.2.4　后轴（组）最大承载限值曲线“b”

图2-40中的后轴（组）最大承载限值曲线“b”根据式(2-10)计算：

$$m_{Lxb}=\frac{HA_{载}\cdot R-m_F\cdot l_1}{S+x} \tag{2-10}$$

条文释义

该条款是为了保证车辆装货后，后轴（组）上的轴荷（承载）不超过车辆设计值或国家标准限值。具体求解过程如下：

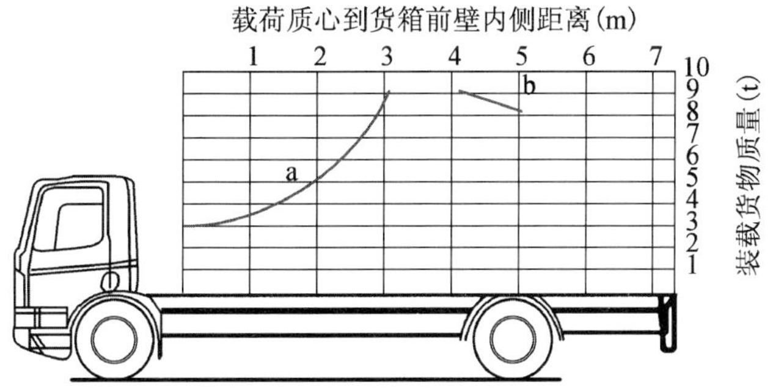

图2-40 后轴(组)最大承载限值曲线"b"示意图

将前轴(组)作为支点,建立后轴(组)承载的力矩平衡方程:

$$m_{\mathrm{F}} \cdot l_1 + m_{\mathrm{Lxb}} \cdot (S + x) - HA_{载} \cdot R = 0 \tag{2-11}$$

计算出 m_{Lxb} 与 x 的关系,见式(2-12)。

$$m_{\mathrm{Lxb}} = \frac{HA_{载} \cdot R - m_{\mathrm{F}} \cdot l_1}{S + x} \tag{2-12}$$

同样,$HA_{载}$ 可用车辆满载状态下的后轴(组)轴荷限值进行替代,因此对应示例车型,m_{Lxb} 可简化为式(2-13)。

$$m_{\mathrm{Lxb}} = \frac{10 \times 5.7 - 6.8 \times 2.3}{1 + x} = \frac{41.36}{1 + x} \tag{2-13}$$

绘图曲线 b 时,m_{Lxb} 的值只需要比车辆最大允许装载质量稍大一些即可,如图 2-41 所示。

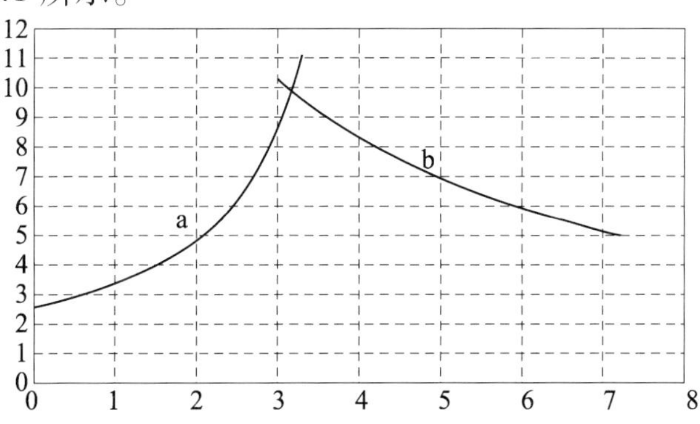

图2-41 后轴(组)最大承载限值曲线"b"示意图

标准条文

D.2.5 最大允许装载质量限值曲线“c”

图2-42中的最大允许装载质量限值曲线“c”为贯穿曲线“a”与曲线“b”的直线，其纵坐标值为车辆最大允许装载质量。

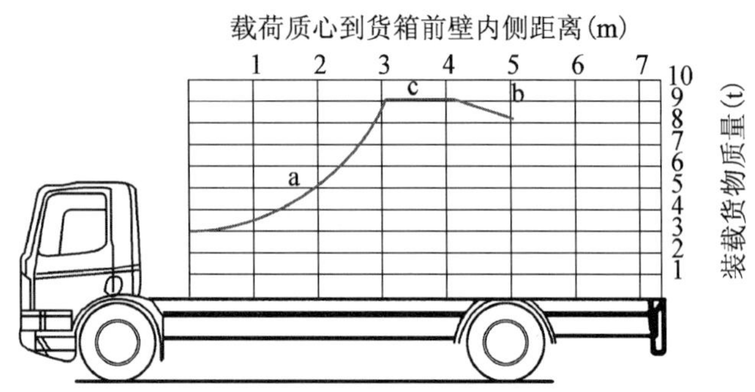

图2-42 最大允许装载质量限值曲线“c”示意图

条文释义

该条款是为了保证车辆在装载时能够达到最大值或设计值，因此需要在示意图上绘制与车辆最大允许装载质量相同的一条直线，直线段“c”应能贯穿并水平连接曲线“a”与曲线“b”，如图2-43所示。如果直线段的距离过短，则车辆生产企业需要对车辆设计进行调整，以方便用户的使用。

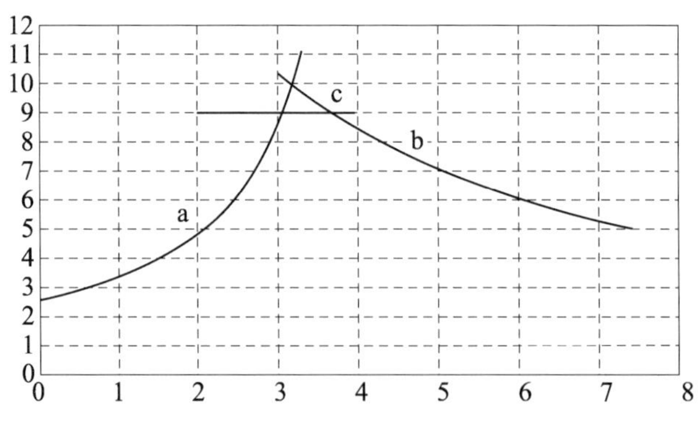

图2-43 最大允许装载质量限值曲线“c”示意图

标准条文

D.2.6 转向轴最小载荷曲线“d”

图2-44中的转向轴最小载荷曲线“d”根据式(2-14)计算:

$$m_{Lxd}=\frac{m_F\cdot(R-l_1-S_{Lx}\cdot R)}{S_{Lx}\cdot R+S+x-R} \tag{2-14}$$

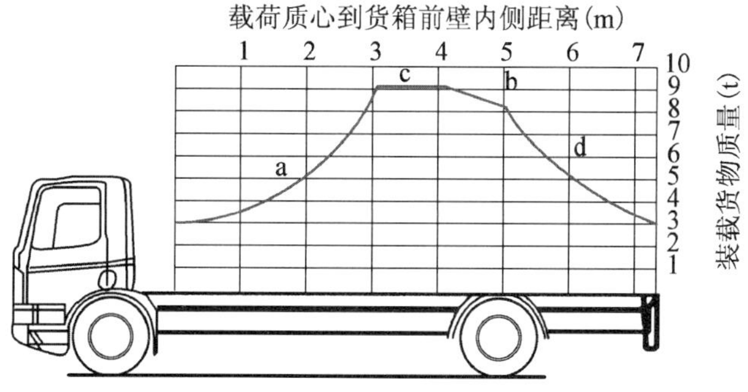

图2-44 转向轴最小载荷曲线“d”示意图

条文释义

车辆设计时,一般要求转向轴(组)上至少承担20% ~35%的车辆总质量或最低轴荷要求,以确保车辆能够正常转向。具体求解过程如下:

以后轴(组)为支点,建立力矩平衡方程,即转向轴(组)上的力矩与货物装载质量、车辆整备质量产生的力矩应能保持平衡,得到式(2-15)。

$$S_{Lx}\times(m_F+m_{Lx})\times R-m_F\times(R-l_1)-m_{Lxd}\times(R-S-x)=0 \tag{2-15}$$

如果转向轴(组)最低轴荷要求为$m_{转}$,则上述公式可变换成如下衍生形式:

$$m_{转}\times R-m_F\times(R-l_1)-m_{Lxd}\times(R-S-x)=0 \tag{2-16}$$

本释义中,采用按转向轴(组)与车辆总质量成比例关系进行求解,得到式(2-17):

$$m_{\mathrm{Lxd}} = \frac{m_{\mathrm{F}} \times (R - l_1 - S_{\mathrm{Lx}} \times R)}{S_{\mathrm{Lx}} \times R + S + x - R} \tag{2-17}$$

示例车型中，$S_{\mathrm{Lx}} = 20\%$，式(2-13)中的 m_{Lxd} 可简化为式(2-18)

$$m_{\mathrm{Lxd}} = \frac{6.8 \times (5.7 - 2.3 - 0.2 \times 5.7)}{0.2 \times 5.7 + 1 + x - 5.7} = \frac{15.368}{x - 3.56} \tag{2-18}$$

可绘制出转向轴(组)最小载荷曲线“d”，如图 2-45 所示。

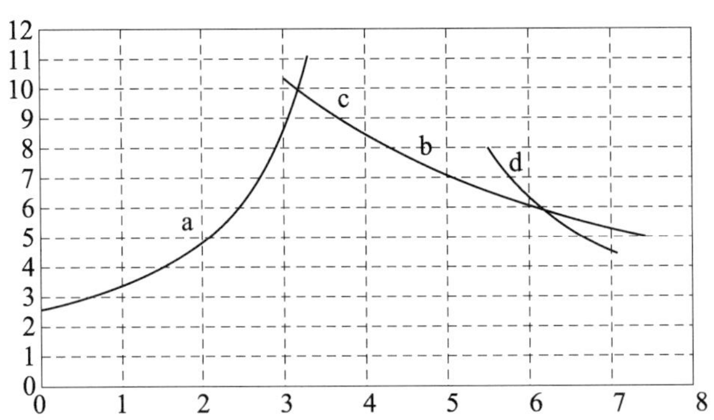

图 2-45　转向轴(组)最小载荷曲线“d”示意图

标准条文

D.2.7　驱动轴最小载荷曲线“e”

驱动轴最小载荷曲线“e”根据式(2-19)计算，示例车型的载荷布置标识如图 2-46 所示。

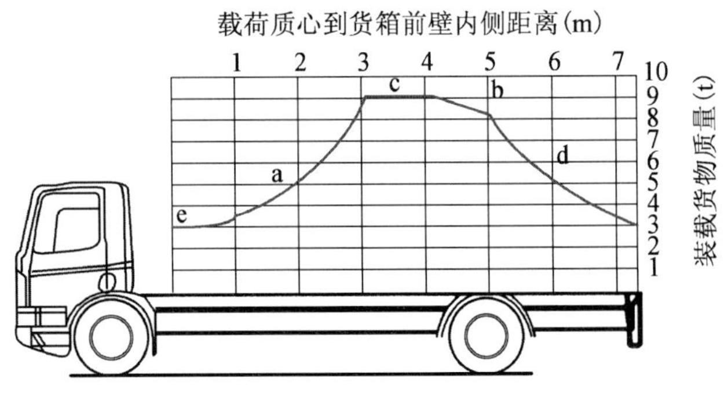

图 2-46　某车型的载荷布置标识示意图

$$m_{\mathrm{Lxe}}=\frac{m_{\mathrm{F}}\cdot(ST\cdot R-l_1)}{S+x-ST\cdot R} \tag{2-19}$$

按照《汽车、挂车及汽车列车外廓尺寸、轴荷及质量限值》(GB 1589—2016)的规定,驱动轴(组)或后轴的最小载荷应不低于车辆总质量的25%,以确保车辆能产生足够的驱动力。以前轴(组)中心接地点为支点,建立力矩平衡方程式(2-20)。

$$m_{\mathrm{F}}\times l_1+m_{\mathrm{Lxe}}\times(S+x)-ST\times(m_{\mathrm{F}}+m_{\mathrm{Lx}})\times R=0 \tag{2-20}$$

计算出 m_{Lxe} 与 x 的关系,见式(2-21)。

$$m_{\mathrm{Lxe}}=\frac{m_{\mathrm{F}}\times(ST\times R-l_1)}{S+x-ST\times R} \tag{2-21}$$

对应示例车型,m_{Lxe} 可简化为

$$m_{\mathrm{Lxe}}=\frac{6.8\times(0.25\times5.7-2.3)}{1+x-0.25\times5.7}=\frac{5.95}{0.425-x} \tag{2-22}$$

可绘制出驱动轴(组)最小载荷曲线“e”,如图2-47所示。

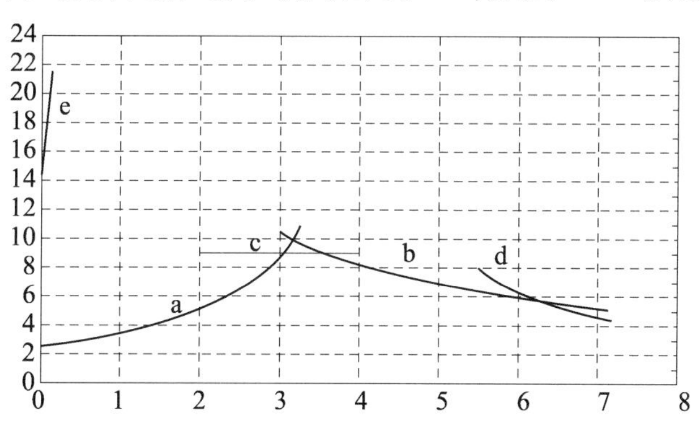

图2-47 驱动轴(组)最小载荷曲线“e”示意图

可以看出曲线e与其他曲线均无交点,因此,该车型装载时将不存在驱动轴(组)轴荷不足的情况,载荷分布曲线中将不包含曲线e。

载荷分布曲线绘制

载荷分布曲线需要在上述工作完成的基础上,对曲线进行修剪,将其

变成一条首尾相连接的多边线段，可以去掉原图中线段“a”“b”等标识，如图 2-48 所示。

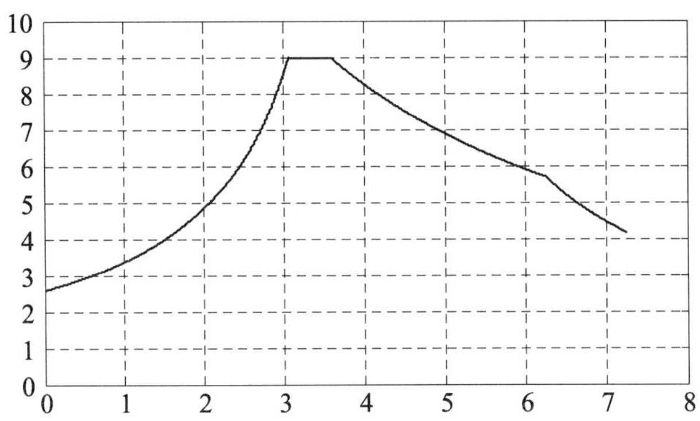

图 2-48　示例车型载荷分布曲线

载荷布置标识形成

将图 2-47 中的曲线与车辆简图相结合，并将坐标轴信息进行完善与调整，得到车辆的载荷布置标识，在假定相关条件后，图 2-37 中示例车型的载荷布置标识如图 2-49 所示。

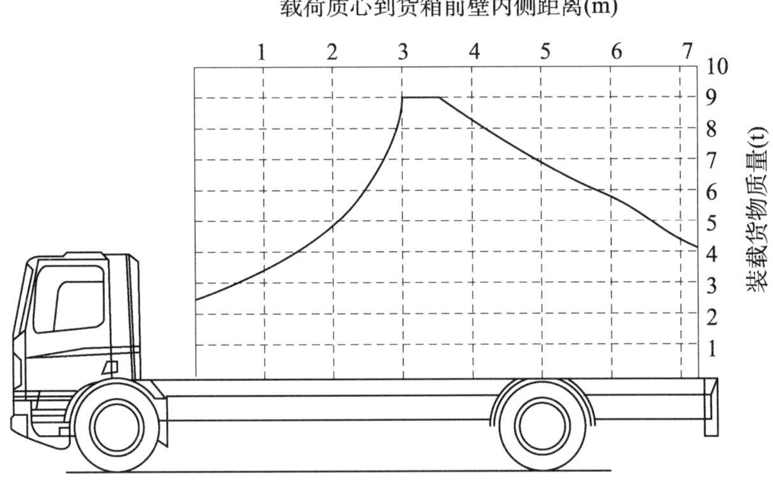

图 2-49　示例车型的载荷布置标识

第十四节 附录E《车辆系固点的数量、安装位置和强度要求》

本部分规定了 N_2 类载货汽车上系固点的数量、安装位置和强度要求,至于 N_3 类载货汽车,其要求大部分与该部分释义保持一致,个别不一致的地方,将在释义中给予重点说明。

E.1 系固点的数量与布置要求

条文释义

该条款主要规定了车辆水平承载面、前墙上系固点的数量与布置要求,由于其属于两类位置有较大差别的系固点,因此对其数量及位置要求分别进行了明确。

E.1.1 车辆水平承载面上的系固点

条文释义

该条对水平承载面上系固点的数量、间距、承载力等方面进行了规定,通过对各种条件求解后,系固点的数量取计算结果的最大值,且为偶数。

E.1.1.1 系固点的数量应为偶数,且左右对称,应为以下计算结果的最大值:

a) 有效货物装载长度要求(E.1.1.2);

b)　系固点之间的最大距离要求(E.1.1.3)；

c)　系固点承载力要求(E.1.1.4)。

条文释义

本条规定了车辆水平承载面纵向系固点数量的三个影响因素:有效货物装载长度要求、系固点之间的最大距离要求、系固点承载力要求。三者之间需经过计算后,取最大值,需要注意的是,有些情况计算出的系固点数量是单侧系固点数量,按照系固点左右对称的原则,车辆水平承载面应配备的系固点数量应加倍。

关于三个影响因素对系固点数量的影响情况及计算方法,将在本条释义之后,逐一进行解释。

也就是说,系固点的数量是上述3个因素计算出的最大值,且向上圆整,总数为偶数。

标准条文

E.1.1.2　有效货物装载长度不超过2200mm的车辆,应至少有4个系固点,每侧至少2个;有效货物装载长度超过2200mm的车辆,应至少有6个系固点,每侧至少3个。

条文释义

此条规定较为简单明确,即有效货物装载长度不超过2200mm的车辆,应至少有4个系固点,每侧至少2个,也就是说,不管车辆装货长度有多短,至少车辆每侧需有2个系固点。而对有效货物装载长度超过2200mm的车辆,应至少有6个系固点,每侧至少3个。

标准条文

E.1.1.3　系固点的布置应满足以下要求:

a) 除了车辆后轴(组)上方的区域外,单侧两个相邻系固点之间的距离应不大于1200mm。车辆后轴(组)上方区域,两个相邻系固点之间的距离宜在1200mm左右,但不大于1500mm;

b) 系固点与车辆前墙或后墙的距离均应不大于500mm;

c) 系固点与车厢内侧或轮罩内侧的距离均不大于250mm,且尽可能小。

条文释义

该条规定了水平承载面系固点在横向、纵向方向的分布情况,主要包括相邻系固点间距要求、系固点与前墙或后墙距离要求、系固点与车厢内侧或轮罩内侧的距离要求。其中前两个要求暗含着对单侧系固点的数量的规定。第三个要求是对其横向布置规定。

由经验可知,除了车辆后轴(组)上方的区域外,单侧两个相邻系固点之间的距离不大于1200mm。对于车辆后轴(组)上方区域,主要考虑到此区域在车辆行驶中横向力或移动趋势相对较小,特规定两个相邻系固点之间的距离宜在1200mm左右,但不大于1500mm,并且靠近前墙或后墙的系固点与车辆前墙或后墙的距离均不大于500mm。

为了尽量避免系固点影响货物有效装载区域,使得有充足的位置可供货物摆放,因此系固点与车厢内侧或轮罩内侧的距离应尽量小,且不大于250 mm,对于承载面平整(货厢内不含轮罩)的车辆,其系固点的横向安装位置与车厢内侧的距离宜不大于50mm。

标准条文

E.1.1.4 系固点承载力要求的计算方式为:

a) 最大设计总质量大于3500kg且小于或等于7500kg的车辆,系固点的数量 N 根据式(2-23)计算:

$$N = \frac{1.5 \times P}{8000} \tag{2-23}$$

b) 最大设计总质量大于7500kg且小于或等于12000kg的车辆，系固点的数量 N 根据式(2-24)计算：

$$N = \frac{1.5 \times P}{10000} \tag{2-24}$$

式中：P——满载时货物产生的最大惯性力，单位为牛(N)，见式(2-25)；

N——系固点数量，若 N 存在小数，则应向上取整。

$$P = mg \tag{2-25}$$

式中：m——最大允许装载质量，单位为千克(kg)；

g——加速度，单位为米每二次方秒(m/s^2)，通常取$10m/s^2$。

条文释义

该部分规定了具有最大设计总质量的货运车辆按照其装载质量而推导出的系固点数量计算公式。该要求的实质是，车辆需要安装与之匹配的系固点，即系固点的承载力不能过高或过低，从而对货物合理、有效栓固带来一定的影响。此处计算得到的是水平承载面上的系固点总数量(非单侧系固点数量)，求解过程中，N 可能存在小数，则需要将其向上进行圆整，且为偶数。

通过对E.1.1.2～E.1.1.4条的求解，可以得到三组数据，在三组数据中，取最大值(可向上圆整为偶数)即为水平承载面上需配备的系固点数量。安装位置可由E.1.1.3进行推导与计算。

标准条文

E.1.2 前墙上的系固点

货箱前墙应至少安装2个系固点，系固点以车辆纵向对称平面对称分布，系固点的位置(图2-50)应满足以下要求：

a) 系固点距离承载面的垂直距离为1000mm±200mm;

b) 系固点到侧墙的距离不超过250mm,且尽可能小。

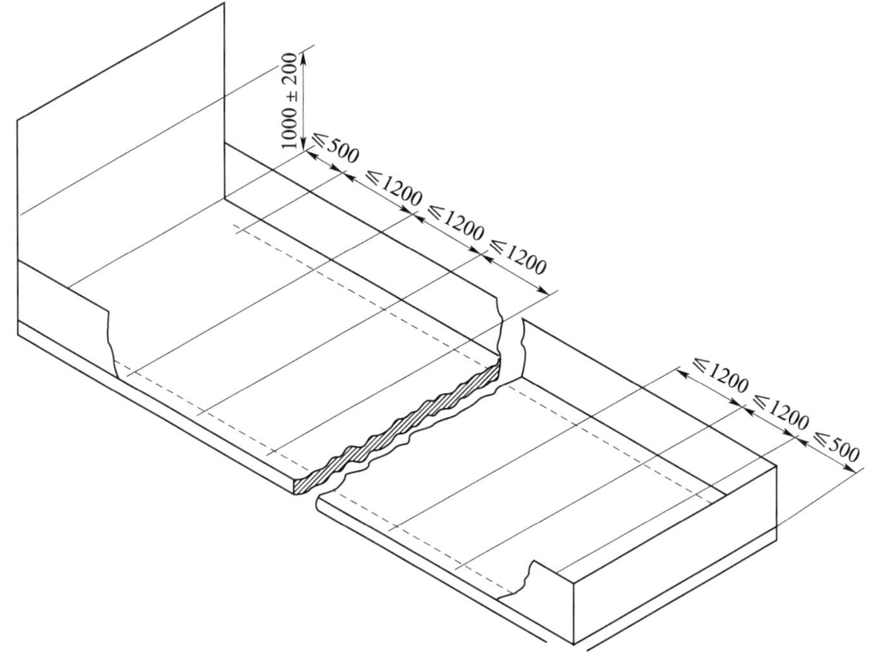

图2-50 系固点布置要求(尺寸单位:mm)

条文释义

货箱前墙上至少安装2个系固点,系固点的横向位置离侧墙越近越好,且不得超过250mm,系固点离水平承载面的垂直距离为1000mm±200mm,即800~1200mm,对于货厢高度低于800mm的车型,需要在货箱前墙的靠近上部安装系固点,且系固点需安装在货箱前墙内侧。

注:本条款不适用于封闭式货车。

E.2 系固点的强度要求

条文释义

该条是概述条,主要是和系固点的数量与安装位置要求(E.1条)相对应，当该部分内容实施后，车主可依据车辆最大设计总质量、装载质量直接判别其车身上系固点的最低允许拉力。

标准条文

E.2.1　承载面上系固点应能将受力传递至车身，且系固点的最低允许拉力应满足表2-12的要求。

车辆最大设计总质量与系固点最低允许拉力对应关系　表2-12

车辆最大设计总质量 m (kg)	系固点的最低允许拉力 (kN)
$3500 < m \leqslant 7500$	8
$7500 < m \leqslant 12000$	10

条文释义

系固点需要与车架或专门设计承载部件相连接，以便于受力能够传递到强度较高的车架或车体上。

该条是综合考虑国外标准情况以及国内车辆生产实际而进行规定的，即车辆最大设计总质量为 $3500\text{kg} < m \leqslant 7500\text{kg}$ 的车辆，其系固点的最低允许拉力应不小于8kN；同样，车辆最大设计总质量为 $7500\text{kg} < m \leqslant 12000$ 的车辆，系固点的最低允许拉力应不小于10kN；车辆最大设计总质量为大于12000kg的车辆，承载面上系固点的最低允许拉力应不小于20kN。

此条为强制性条款，便于货运企业的工作人员能够正确理解相应车型上系固点的强度大小。为了方便计算，根据《道路甩挂运输货物装载与栓固技术要求》(JT/T 882—2014)附录中对总质量12000kg以上车型的相应要求，可推导出表2-13中的相应关系，以便简化计算流程。

车辆最大设计总质量、装载质量与系固点最低允许拉力对应关系 表2-13

车辆最大设计总质量 m (kg)	系固点的最低允许拉力 (kN)	系固点数量计算 (N)
$3500 < m \leqslant 7500$	8	$\frac{1.5 \times P}{8000}$
$7500 < m \leqslant 12000$	10	$\frac{1.5 \times P}{10000}$
$m > 12000$	20	$\frac{1.5 \times P}{20000}$

这里的质量 m 是车辆最大设计总质量,若 N 存在小数,则应向上取整。

P——满载时货物产生的最大惯性力,单位为牛(N),其计算方法为

$$P = m_{载} \times g \tag{2-26}$$

式中:$m_{载}$——车辆最大允许装载质量,单位为千克(kg);

g——加速度,单位为米每二次方秒(m/s^2),通常向上圆整取 $10m/s^2$。

系固点强度的抽样与具体测试要求,详见E.2.2条释义。

E.2.2 前墙上系固点的最低允许拉力应为10kN。

条文释义

考虑到货厢前墙结构强度通常比水平承载面承载低,因此在标准中直接进行了明确,确定其最低允许拉力应为10kN,该参数指标也是参考BS EN 12640—2001中的相关要求。

系固点强度检验:

系固点检验时,施加在系固点上的力应为系固点最低允许拉力的1.25倍。检验方式分为两种:一种是对每个不同安装方式的系固点均进

行垂直方向拉伸检验，另外一种是随机抽取水平承载面和前墙上各一个系固点进行三个方向的受力检验。两种检验方式可自行选择。力加载时，其与系固点相连接的加力装置应与车辆实际装货状态下使用的装置相似，主要是为了保证与实际工况相接近，从而使试验结果更准确。

系固点垂直方向拉伸检验：

需要根据车辆生产企业提供的系固点安装位置图纸，确定需要检验的系固点，然后对车辆的货箱进行适当固定，以便检验时承载面能基本保持相对稳定。加载相应的拉力3min，然后卸载，观察系固点及附属连接装置有无永久变形或裂纹产生。

三方向受力检验：

系固点检验时，需使用一个框架对承载面进行一定约束，以便检验时将车辆承载面保持相对稳定，水平面的固定装置为一个框架（前墙可配备类似装置），该框架需根据车箱情况进行定制，其需要与水平承载面上的待检验系固点保持500mm ± 30mm的横向距离，该架靠近纵向系固点处的自身厚度应大于等于50mm，且框架的长度应小于1000mm，如图2-51所示。

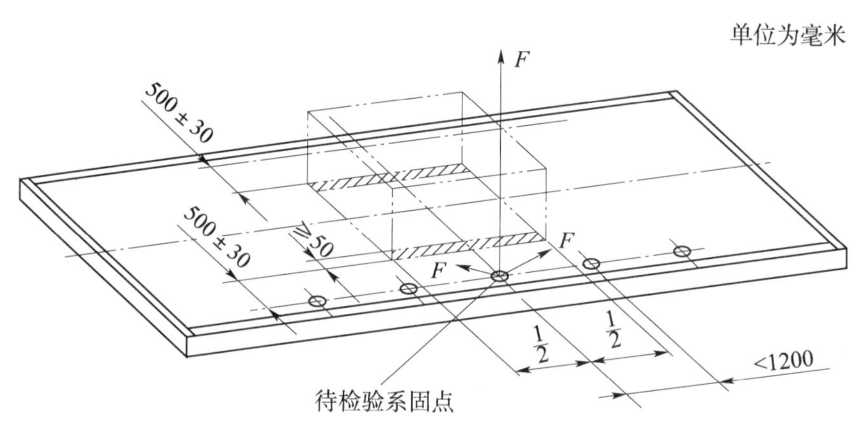

图2-51 系固点检验要求

强度检验时，应在框架上加载足够的力，确保车辆承载面保持相对稳定，在系固点3个最不利的受力角度（检测机构可依据经验，或由车辆生产企业提供)上加载力,每次检验持续3min,然后卸载,观察系固点及附属连接装置有无永久变形或裂纹产生。

对于车箱外部的系固点,则一般采取直接采用垂直方向拉伸检验,检验原则与车箱内部系固点的检验方法保持一致。

示例

请计算某型2轴厢式货车,车辆最大设计总质量为9000kg,最大允许装载质量为6000kg,货厢长度为5m,宽度为2.45m,高度为3.2m,其需要配备的系固点数量与强度要求。

解:

按照表2-12的要求,车辆最大设计总质量为9000kg,因此,车上系固点的最低允许拉力应不小于10kN。依据强度要求,计算得出纵向系固点的数量:

$$N = \frac{1.5 \times P}{10000} = \frac{1.5 \times 6000 \times 10}{10000} = 9 \tag{2-27}$$

按照系固点的纵向安装位置要求,可求得

$$N = \frac{5000 - 2 \times 500}{1200} = 3.33 \tag{2-28}$$

间距数量可将其向上取整为4,因此按照要求计算出的系固点数量为5对,共10个。

按照有效货物装载长度要求:有效货物装载长度超过2200mm的车辆,应至少有6个系固点。

结合以上三个要求,承载面上纵向系固点的数量为10个,单侧5个。

前墙上的系固点的数量依据标准要求,应为两个,单个强度要求为10kN。

计算完毕。

附件1 《营运货车安全技术条件　第1部分：载货汽车》（JT/T 1178.1—2018）

1　范围

JT/T 1178 的本部分规定了载货汽车的整车、制动系统、安全防护、载荷布置标识与系固点、报警与提示等安全技术要求和试验方法。

本部分适用于 N_1 类、N_2 类和 N_3 类的载货汽车，不适用于牵引货车和半挂牵引车。

2　规范性引用文件

下列文件对于本文件的应用是必不可少的。凡是注日期的引用文件，仅注日期的版本适用于本文件。凡是不注日期的引用文件，其最新版本（包括所有的修改单）适用于本文件。

GB/T 3730.1　汽车和挂车类型的术语和定义

GB/T 5922　汽车和挂车　气压制动装置压力测试连接器技术要求

GB/T 6323—2014　汽车操纵稳定性试验方法

GB 7258　机动车运行安全技术条件

GB/T 8170　数值修约规则与极限数值的表示和判定

GB 11551　汽车正面碰撞的乘员保护
GB 11567　汽车及挂车侧面和后下部防护要求
GB/T 12534　汽车道路试验方法通则
GB 12676　商用车辆和挂车制动系统技术要求及试验方法
GB/T 13594　机动车和挂车防抱制动性能和试验方法
GB/T 14172　汽车静侧翻稳定性台架试验方法
GB/T 15089　机动车辆及挂车分类
GB/T 17619　机动车电子电器组件的电磁辐射抗扰性限值和测量方法
GB/T 18655　车辆、船和内燃机　无线电骚扰特性　用于保护车载接收机的限值和测量方法
GB 19239　燃气汽车专用装置的安装要求
GB/T 22309　道路车辆　制动衬片　盘式制动块总成和鼓式制动蹄总成剪切强度试验方法
GB/T 22311　道路车辆　制动衬片　压缩应变试验方法
GB 26511　商用车前下部防护要求
GB 26512—2011　商用车驾驶室乘员保护
GB 28373—2012　N类和O类罐式车辆侧倾稳定性
GB 29753　道路运输　食品与生物制品冷藏车　安全要求及试验方法
GB/T 33577　智能运输系统　车辆前向碰撞预警系统　性能要求和测试规程
JT/T 230　汽车导静电橡胶拖地带
JT/T 719—2016　营运货车燃料消耗量限值及测量方法
JT/T 794　道路运输车辆卫星定位系统　车载终端技术要求

JT/T 882—2014	道路甩挂运输货物装载与栓固技术要求
JT/T 883	营运车辆行驶危险预警系统　技术要求和试验方法
JT/T 884	营运车辆抗侧翻稳定性试验方法　稳态圆周试验
JT/T 1046	道路运输车辆油箱及液体燃料运输罐体阻隔防爆安全技术要求
JT/T 1094—2016	营运客车安全技术条件
QC/T 480	汽车操纵稳定性指标限值与评价方法

3　术语和定义

GB/T 3730.1、GB/T 6323、GB/T 15089 和 GB 26512 界定的以及下列术语和定义适用于本文件。

3.1

营运货车　commercial vehicle for cargos transportation

用于营业性货物运输的汽车、半挂牵引车、牵引货车和挂车。

注:改写 JT/T 719—2016,定义 3.1。

4　整车

4.1　载货汽车(电动车辆除外)的比功率应大于或等于 6.0kW/t。

4.2　载货汽车(罐式汽车除外)按照 GB/T 14172 规定的试验方法进行侧倾稳定性台架试验,其侧倾稳定角应符合以下要求:

——在空载、静态条件下向左侧和右侧倾斜的侧倾稳定角均应大于或等于 35°;

——在满载、静态条件下向左侧和右侧倾斜的侧倾稳定角均应大于或等于23°,也可在企业规定的装载情况下按GB 28373—2012第6章规定进行模拟计算。

4.3 载货汽车按照GB/T 6323—2014第10章的规定进行满载状态下的稳态回转试验,不足转向度应大于或等于0 °/(m/s^2)且小于或等于1.0 °/(m/s^2)。

4.4 载货汽车按照GB/T 6323—2014第5章的规定进行满载状态下的蛇形试验,其平均横摆角速度峰值应小于QC/T 480对应标桩间距和基准车速的下限值。

4.5 载货汽车按照JT/T 884规定的方法进行满载状态下的抗侧翻稳定性试验,车辆质心处的向心加速度达到0.4g时车辆不应发生侧翻或侧滑。

4.6 总质量大于或等于12000kg的载货汽车,应安装道路运输车辆卫星定位系统车载终端。道路运输车辆卫星定位系统车载终端的性能应符合JT/T 794的规定。

4.7 总质量大于或等于12000kg且最高车速大于90km/h的载货汽车,应安装电子稳定性控制系统(ESC)。ESC的性能应符合JT/T 1094—2016附录A的规定,电磁兼容性应符合GB/T 18655第3级及GB/T 17619的规定。

4.8 总质量大于或等于12000kg且最高车速大于90km/h的非双转向轴载货汽车,所有转向轮应安装爆胎应急安全装置,并在驾驶室易见位置标示。爆胎应急安全装置的性能要求和试验方法应符合附录A的规定。

4.9 载货汽车在空载状态下按照附录B规定的试验方法进行试验,转弯通道最大宽度应小于或等于5.0m。

4.10 冷藏车应安装温度监控装置,车辆及其温度监控装置、制冷设备的性能应符合GB 29753及相关标准要求。

5　制动系统

5.1　载货汽车的气压制动系统应安装具备保持压缩空气干燥、油水分离功能的装置。

5.2　载货汽车所有的行车制动器应具备制动间隙自动调整功能。

5.3　载货汽车制动系统的储气筒和制动气室应安装气压制动装置压力测试连接器。压力测试连接器的性能应符合 GB/T 5922 的规定。

5.4　载货汽车应安装防抱死制动装置，并配备防抱制动装置失效时用于报警的信号装置。防抱制动装置的性能应符合 GB/T 13594 规定，电磁兼容性应符合 GB/T 18655 第3级及 GB/T 17619 的规定。

5.5　载货汽车按照 GB 12676 规定的方法进行试验，气压制动系统响应时间应小于或等于 0.6s。

5.6　载货汽车满载，在附着系数小于或等于 0.5，车道中心线半径 150m、宽 3.7m 的平坦圆弧车道上，以 50km/h 的初始车速进行全力制动的过程中，车辆应保持在车道内。

5.7　载货汽车鼓式制动蹄总成或盘式制动块总成的制动衬片性能应符合以下要求：

a)　按 GB/T 22309 进行试验，鼓式制动蹄总成和盘式制动块总成的最小剪切强度大于或等于 2.5MPa；

b)　按 GB/T 22311 进行试验，鼓式制动蹄总成常温压缩量小于或等于 2%，200℃时的压缩量小于或等于 4%；

c)　按 GB/T 22311 进行试验，盘式制动块总成常温压缩量小于或等于 2%，400℃时的压缩量小于等于 5%。

5.8　总质量大于或等于 12000kg 的载货汽车采用气压制动时，制动系统储气筒的额定工作气压应大于或等于 1000kPa。

5.9 总质量大于或等于12000kg且最高车速大于90km/h的载货汽车,所有转向车轮应安装盘式制动器。盘式制动器的衬片需要更换时,应采用声学或光学报警装置向驾驶员报警,报警装置应符合GB 12676的规定。

5.10 总质量大于或等于12000kg且最高车速大于90km/h的载货汽车,应安装自动紧急制动系统(AEBS)。

5.11 总质量大于18000kg的载货汽车宜安装缓速器。

6 安全防护

6.1 N_2类和N_3类载货汽车应安装侧面防护和后下部防护装置,防护装置的性能应符合GB11567的规定。

6.2 总质量大于7500kg的载货汽车应安装前下部防护装置,防护装置的性能应符合GB 26511的规定。

6.3 安装起重尾板的载货汽车,起重尾板背部应设置有警示标识,警示标识上的反光标识应始终朝向车辆后侧。

6.4 载货汽车驾驶室应具有乘员保护功能,按附录C试验后,车门不应自行打开;驾驶室应与车架保持连接,允许固定驾驶室的部件产生变形和损坏;用附录C规定的人体模型检测生存空间符合以下要求:

——当座椅处于中间位置时,人体模型不应与车辆邵氏硬度大于或等于50度的非弹性部件发生接触;

——不借助于任何工具,用一个小于100N的力即可将非弹性部件与人体模型分开。

6.5 总质量大于或等于12000kg且最高车速大于90km/h的载货汽车,使用单胎的车轮应安装轮胎气压监测系统。

6.6 燃气汽车的气瓶安装位置与强度应符合GB 19239等相关标准的规定。载货汽车燃料系统的安全防护应符合GB 7258的规定。

6.7　汽油载货汽车油箱应采用阻隔防爆技术，阻隔防爆技术应符合JT/T 1046的规定。

6.8　燃气汽车应安装汽车导静电橡胶拖地带，汽车导静电橡胶拖地带的性能应符合JT/T 230的规定。

7　载荷布置标识与系固点

7.1　载货汽车(罐式车、自卸车除外)应在车辆易见位置设置能永久保持的载荷布置标识，载荷布置标识曲线参照附录D绘制，标识尺寸不应小于160mm×100mm。

7.2　载荷布置标识应以车辆简图(不含上装结构)为背景，载荷分布曲线以货物质心位置为横坐标、以最大允许装载质量为纵坐标，且应满足以下约束条件：

a)　不超出前轴最大允许轴荷限值；

b)　不超出后轴(组)最大允许轴荷限值；

c)　不超出车辆最大设计总质量；

d)　转向轴的最小载荷满足车辆设计要求；

e)　驱动轴(组)的最小载荷满足车辆设计要求。

7.3　N_2类和N_3类载货汽车(罐式车、自卸车除外)货箱系固点的数量、安装位置与强度应分别符合附录E和JT/T 882—2014附录C的规定。

8　报警与提示

8.1　总质量大于18000kg且最高车速大于90km/h的载货汽车，应具备车道偏离报警功能和车辆前向碰撞预警功能，车道偏离报警功能应符合JT/T 883的规定，车辆前向碰撞预警功能应符合GB/T 33577的规定。

8.2 燃气汽车应安装气体泄漏报警装置,所有管路接头处均不应出现漏气现象。

9 标准实施的过渡期

9.1 4.8、5.8、6.7 和 7.3 的规定自本标准实施之日起第 13 个月开始对新生产车型实施。

9.2 6.4、6.5 和 8.1 的规定自本标准实施之日起第 25 个月开始对新生产车型实施。

9.3 4.7 和 5.10 的规定自本标准实施之日起第 37 个月开始对新生产车型实施。

附　录　A
（规范性附录）
汽车爆胎应急安全装置性能要求和试验方法

A.1　性能要求

A.1.1　爆胎后转向性能

车辆爆胎后转向性能应符合以下规定：

a）按 A.2.2.1 的试验方法，车辆直线行驶过程中转向轴一侧轮胎发生爆胎时，汽车应能通过操纵转向盘维持在爆胎前的预定轨迹上行驶，行驶过程中作用于转向盘外沿上的切向力增量不大于 50N；

b）按 A.2.2.2 的试验方法，车辆弯道行驶过程中转向轴一侧轮胎发生爆胎时，汽车应能通过操纵转向盘维持在爆胎前的预定轨迹上行驶，行驶过程中作用于转向盘外沿上的切向力增量不大于 50N；

c）按 A.2.2.3 的试验方法，爆胎后车辆以规定的速度行驶，能够有效规避前方障碍物，且转向操纵力不大于 245N。

A.1.2　爆胎后制动性能

按 A.2.3 的试验方法，车辆转向轴一侧轮胎发生爆胎后，其制动距离及制动稳定性应符合表 A.1 的规定。

制动距离及制动稳定性要求　　表 A.1

制动项	制动初速度（km/h）	发动机接合的 0 型制动试验制动距离要求（m）	制动稳定性要求
直线制动	60	≤40	车辆不超出 3.7m 宽度的试验通道边缘线
弯道制动	50	≤30	车辆不超出 3.7m 宽度的试验通道边缘线

A.1.3 爆胎后汽车续行距离

车辆转向轴一侧轮胎发生爆胎后,汽车爆胎应急安全装置应能维持车辆可控行驶不小于1.0km。

A.2 试验方法

A.2.1 试验条件和试验车辆的准备

装有爆胎应急安全装置的载货汽车,其试验条件和试验车辆的准备工作应符合GB/T 12534的规定。

A.2.2 转向性能试验

A.2.2.1 试验车辆沿直线以60km/h的车速匀速行驶,模拟转向轴一侧轮胎发生爆胎,保持试验车辆继续维持直线行驶,用转向盘测力计测量车辆爆胎前后维持直线行驶过程中施加于转向盘外缘的最大切向力值,并计算爆胎后最大切向力的增量。

A.2.2.2 试验车辆沿半径为150m的弯道以50km/h的车速等速行驶,模拟转向轴一侧轮胎发生爆胎,用转向盘测力计测量车辆爆胎前后维持弯道行驶过程中施加于转向盘外缘的最大切向力值,并计算爆胎后最大切向力的增量。

A.2.2.3 爆胎后驾驶试验车辆以50km/h的车速绕桩行驶,测量行驶过程中施加于转向盘外缘的切向力,并计算转向盘转向力峰值的平均值。试验过程中车辆不得碰倒标桩,标桩按图A.1布置,标桩间距应符合表A.2的要求。

 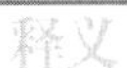

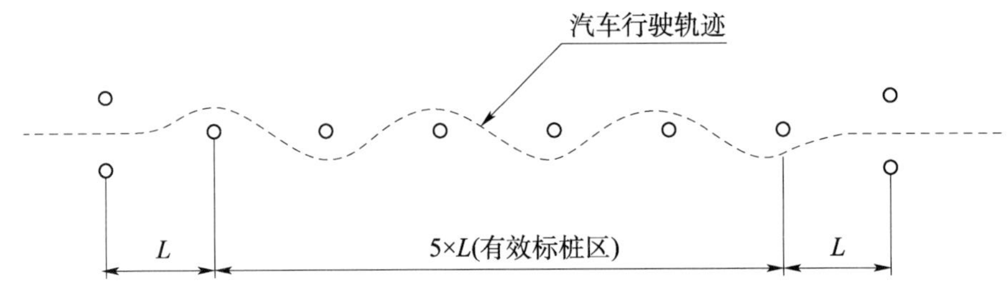

图 A.1　标桩布置

表 A.2

标 桩 间 距

汽 车 类 型	标桩间距 L(m)	汽 车 类 型	标桩间距 L(m)
N_2 类	30	N_3 类	50

A.2.3　制动性能试验

A.2.3.1　试验车辆爆胎后以60km/h 的初始车速(偏差应在规定值的 ±2% 之内),按 GB 12676 的试验方法进行一次发动机接合的 O 型制动试验,测量并记录车速、制动距离和车辆停止后与试验通道边缘线的距离等参数。

A.2.3.2　试验车辆爆胎后沿半径为 150m 的弯道以 50km/h 的车速匀速行驶(偏差应在规定值的 ±2% 之内),在此车速下进行一次发动机接合的 O 型制动试验,测量并记录车速、制动距离和车辆停止后与试验通道边缘线的距离等参数。

A.2.4　爆胎后续行能力试验

A.2.4.1　装有爆胎应急安全装置的试验车辆,按照 A.2.2 或 A.2.3 的方法进行试验,测量并记录试验车辆自轮胎发生爆胎后的正常行驶里程。

A.2.4.2　行驶里程内可开展其他试验,相应的试验里程应计入连续行驶里程内。

附 录 B
(规范性附录)
车辆直角弯道通过性试验方法

B.1 试验道路

试验路面应为平坦、干燥、整洁的铺装路面。试验规定的路线由三部分组成:直线驶入路段、半径为12.5m的90°圆弧路段,以及直线驶出路段。两直线路段分别在与圆弧路段的交点处与圆弧相切,如图B.1所示。

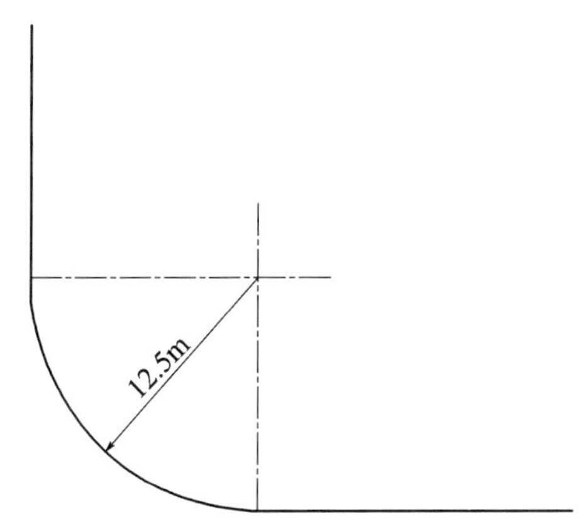

图B.1 直角弯道通过性测试示意图

B.2 试验方法

B.2.1 车辆空载、以直线状态停于试验路面上。沿车辆最外侧部位向地面做投影,该投影线为试验规定路线中直线驶入路段。

B.2.2 车辆起步,以不超过5km/h的车速由直线行驶过渡到图B.1所述的直角弯道。

B.2.3 转弯结束后,试验车辆应沿直线路段继续行驶一段距离,以保证试验能够测得车辆的转弯通道最大宽度。

B.2.4　在驶入、转弯和驶出过程中应保证车辆前外侧在地面上的参考点与规定路线一致,轨迹偏差不应超过50mm。

B.2.5　记录车辆内侧在地面投影的运动轨迹。

B.2.6　车辆应按上述过程,沿顺时针和逆时针行驶方向各进行一次试验。

B.3　试验结果

测量车辆在试验过程中的转弯通道最大宽度,试验结果取顺时针和逆时针两次测试结果的平均值,按 GB/T 8170 修约到小数点后一位,单位为米(m)。

附 录 C
(规范性附录)
驾驶室结构强度试验方法和生存空间检验用人体模型要求

C.1 试验要求

C.1.1 驾驶室结构强度试验方法包括驾驶室正面撞击试验(试验A)、驾驶室双A柱撞击试验(试验B)、驾驶室顶部强度试验(试验C)和驾驶室后围强度试验(试验D),可选择1个~4个驾驶室进行试验。

C.1.2 N_1类和最大设计总质量不超过7500kg的N_2类车辆应进行试验A、试验C和试验D。

C.1.3 N_3类和最大设计总质量超过7500kg的N_2类车辆应进行试验A、试验B、试验C和试验D。

C.1.4 试验A仅适用于平头车。

C.1.5 试验C仅适用于驾驶室和车辆底盘通过机构连接且驾驶室与货箱相互独立的车辆。

C.1.6 驾驶室内每个座位均应进行生存空间的检验。

C.1.7 当车型符合GB 11551的规定时,视为通过试验A。

C.1.8 试验后进行驾驶室生存空间检查时,可使用以下人体模型或替代品:

a) C.4所规定的人体模型;

b) 解体C.4所规定的人体模型,调整座椅位置,放入驾驶室后再组装人体模型,并使其H点与座椅R点重合,最后将座椅前移至中间位置以评定生存空间;

c) 50% Hybrid II或者50% Hybrid III假人。

C.2　试验方法

C.2.1　试验准备

C.2.1.1　试验前,驾驶室的车门应关闭但不锁止。

C.2.1.2　对于试验A,车辆应安装发动机或安装质量、尺寸和安装装置与发动机相当的模型。

C.2.1.3　驾驶室应安装转向机构、转向盘、仪表板以及驾驶员和乘员座椅。转向盘和座椅位置应调整到制造厂所规定的中间位置。

C.2.1.4　车辆或车架应按照C.3所述的方式进行固定,驾驶室固定按以下要求进行:

a) 试验A,驾驶室应安装在车辆上;

b) 试验B、试验C和试验D,制造厂可以选择驾驶室安装在车辆上或者安装在独立车架上。

C.2.2　正面撞击试验(试验A)

C.2.2.1　撞击器应为钢制且质量均匀分布。撞击器质量大于或等于1500kg;撞击器的撞击面应为平整的矩形,棱边的圆角半径为(10 ±5)mm,如图C.1所示。

C.2.2.2　撞击器总成应为刚性结构,撞击器刚性地固定在两根自由悬吊的摆臂上。

C.2.2.3　撞击器悬吊的位置应使其在垂直位置时满足下列要求:

a) 撞击器的撞击面与车辆的最前部相接触;

b) 撞击器质心(C_A)应低于驾驶员座椅R点50_0^{+5}mm,且应位于车辆纵向中心平面上,如图C.1所示;

c) 撞击器质心应位于车辆纵向中心平面上。

单位为毫米

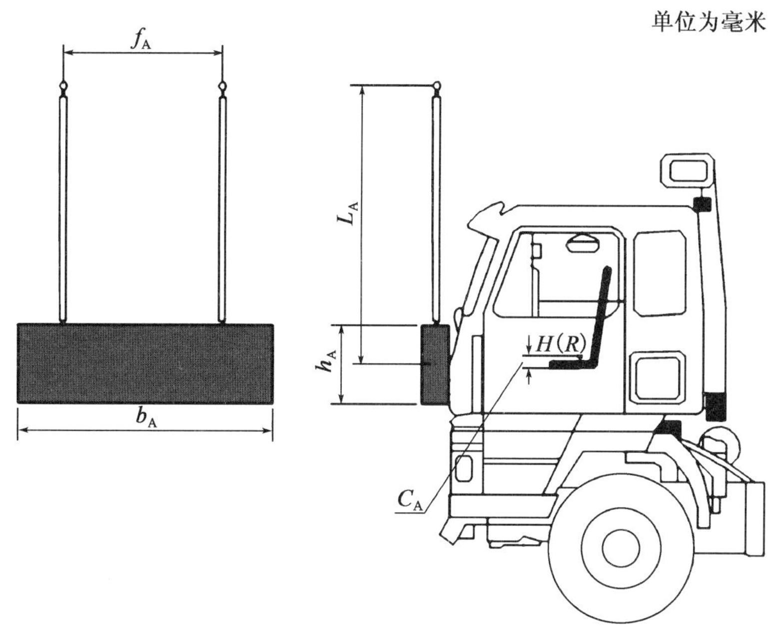

符　　号	尺　　寸	符　　号	尺　　寸
f_A	≥1000	L_A	≥3500
b_A	2500	C_A	50_{0}^{+5}
h_A	800		

说明:

H 点——通常为臀部点或臀部铰接点;

R 点——制造厂设定的设计 H 点位置,特别指定为 R 点;

f_A——摆臂间距;

b_A——矩形撞击器长度;

h_A——矩形撞击器高度;

L_A——悬吊轴到撞击器的几何中心;

C_A——撞击器质心与驾驶员座椅 R 点的距离。

图 C.1　正面撞击试验(试验 A)(调整左右撞击器的水平高度)

C.2.2.4　撞击器应沿平行于车辆的纵向中心平面,水平撞击驾驶室前部。撞击能量要求如下:

a） N_1 类和最大设计总质量不大于7500kg的 N_2 类车辆，撞击能量为29.4kJ；

b） N_3 类和最大设计总质量大于7500kg的 N_2 类车辆，撞击能量为55kJ。

C.2.3 双A柱撞击试验（试验B）

C.2.3.1 撞击器应为钢制且质量均匀分布的圆柱体。撞击器质量不小于1000kg，棱边的圆角半径不小于1.5mm，撞击器如图C.2所示。

单位为毫米

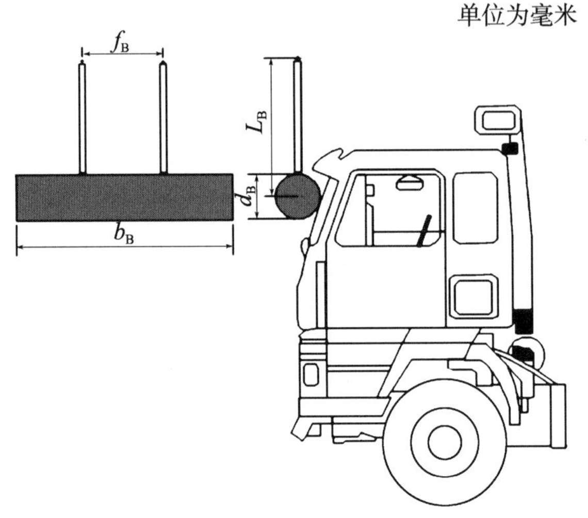

符　号	含　义	尺　寸
f_B	摆臂间距	≥1000
b_B	矩形撞击器长度	≥2500
L_B	悬吊轴到撞击器的几何中心	≥3500
d_B	撞击器直径	600±50

图C.2　正面A柱撞击试验（试验B）

C.2.3.2 撞击器总成应为刚性结构，撞击器刚性地固定在两根自由悬吊的摆臂上，如图C.2所示。

C.2.3.3 撞击器悬吊的位置应使其在垂直位置时满足下列要求：

a) 撞击器的撞击面与车辆的最前部相接触；

b) 撞击器纵向中心线应水平且垂直于驾驶室纵向垂直平面；

c) 撞击器质心应位于驾驶室前风窗上、下框架中间，且位于车辆纵向中心平面上；

d) 撞击器长度应在车辆宽度范围内均匀分布，且完全覆盖两个A 柱。

C.2.3.4 撞击器应以从前向后的方向撞击驾驶室，撞击方向应为水平方向且平行于车辆的纵向中心平面。撞击能量为 29.4kJ。

C.2.4 顶部强度试验(试验 C)

C.2.4.1 不同类型车辆应按照下列要求试验：

a) 最大设计总质量大于 7500kg 的 N_2 类车辆和所有的 N_3 类车辆，应进行动态预加载试验(撞击器位置如图 C.3 的 P1)和顶部静压试验(撞击器位置如图 C.3 的 P2)，且应用同一个驾驶室完成；

b) 最大设计总质量不大于 7500kg 的 N_2 类车辆和所有的 N_1 类车辆，只进行顶部静压试验。

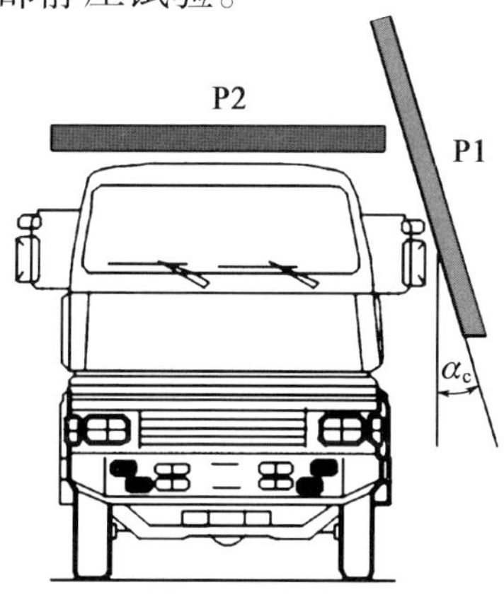

图 C.3 顶部强度试验(试验 C)

C.2.4.2　应按照下列要求进行动态预加载试验：

a)　撞击器应为钢制且质量均匀分布。撞击器质量不小于1500kg；

b)　撞击器的撞击面应为平整的矩形，且应足够大(一般为2500mm×2500mm)，以确保撞击器位于撞击位置时，驾驶室与撞击器边缘不发生接触。如果撞击器为摆锤，摆锤应刚性地固定在两根自由悬吊的摆臂上，摆臂间距(f_C)不小于1000mm，摆臂的长度(L_C)(从悬吊轴到摆锤的几何中心)不小于3500mm；

c)　撞击时刻，撞击器位置应满足下列要求：

1)　撞击器的撞击面与驾驶室纵向中心平面的夹角(α_C)为20°；

2)　撞击器撞击时，驾驶室可倾斜20°，或撞击器的撞击面倾斜20°。如果撞击器为摆锤，则驾驶室不能被倾斜20°，驾驶室应被安装在水平面上；

3)　撞击器的撞击面应覆盖驾驶室侧顶部全部边长；

4)　撞击器纵向中心线应水平且与驾驶室纵向中心线平行；

d)　撞击器撞击驾驶室侧顶部，撞击方向垂直于撞击器的撞击面和驾驶室纵向中心线。在满足撞击位置要求的情况下，可移动撞击器或者驾驶室来完成撞击试验。撞击能量为17.6kJ。

C.2.4.3　顶部静压试验应符合以下要求：

a)　加载压板应为钢制且质量均匀分布。加载压板的加载面应为矩形平面，加载时应确保驾驶室与加载压板边缘不发生接触；

b)　加载设备与其支撑结构之间应具有直线导向系统，加载过程中允许驾驶室顶部向非撞击侧的横向移动；

c)　加载时，加载压板位置应满足以下要求：

1) 加载压板平行于车架X-Y平面(图C.3);

2) 加载压板运动方向平行于车架垂直轴线;

3) 加载压板覆盖整个驾驶室车顶部;

4) 加载力为车辆前部的一个轴或多个轴的最大轴荷的静载荷,最大为98kN。

C.2.5 后围强度试验(试验D)

通过置于车架上的不小于整个后围的刚性壁障,施加在车架以上部分的驾驶室后围上。刚性壁障应垂直于车辆的纵向中心轴线,且平行于中心轴线移动,如图C.4所示。加载力为车辆最大允许装载质量每1000kg施加1.96kN的静载荷。

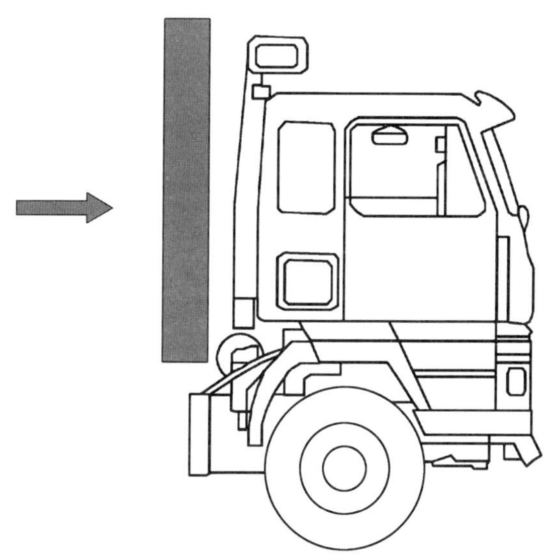

图C.4 后围强度试验(试验D)

C.3 车辆在试验台上的固定

C.3.1 正面撞击试验（试验A）

驾驶室应安装在车辆上，并按下述方法将车辆固定（图C.5）：

a） 固定用链条或钢丝绳应为钢制，并且至少能承受10000kg的拉力；

b） 车架的纵梁应安放在横跨车架全宽的枕木垫架上，枕木垫架的长度不小于150mm。枕木垫架的前边缘不应位于驾驶室最后点的前面，也不应位于轴距中点的后面。车架应处于车辆满载时的状态；

c） 车架纵向固定，应将链条或钢丝绳（以下统称钢丝绳）A系固在车架前端，以限制车架后移。系固点应对称于车架纵向中心线，两个系固点的距离不小于600mm。钢丝绳A张紧后向下与水平线的夹角不应大于25°，在水平面上的投影与车辆的纵向轴线的夹角不大于10°。钢丝绳可互相交叉；

d） 车架横向固定，应用钢丝绳B对称地拴系在车架纵向中心线的两侧，以限制车架横向移动。车架上的拴系点距车辆前端不小于3m，且不大于5m。钢丝绳B张紧后向下与水平线的夹角不大于20°，在水平面上的投影与车辆的纵向轴线的夹角不大于45°，且不小于25°；

e） 钢丝绳的张紧力和后部固定应满足以下要求：

1） 首先将钢丝绳C用1000N的力张紧，然后所有钢丝绳A和钢丝绳B张紧，使钢丝绳C的张紧力不小于10000N；

2） 钢丝绳C与水平线的夹角不大于15°；

3） 在车架与地面之间于D点施加不小于500N的垂直拉力；

f） 根据制造厂的要求，可以将驾驶室安装在专用台架上进行试验，但应证明这种安装方式和在车辆上的安装方式是等效的。

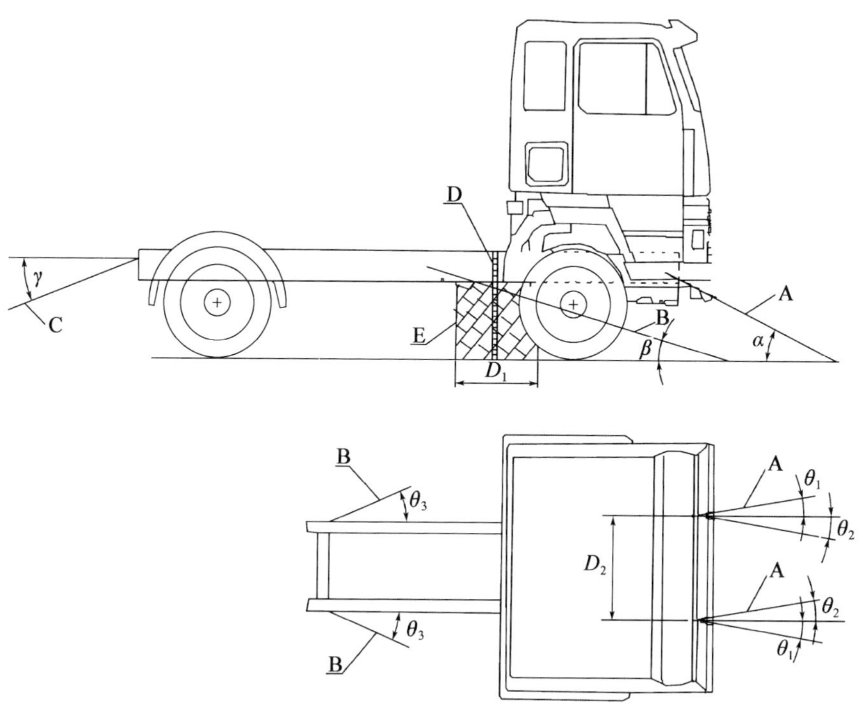

符号	含　　义	尺寸
θ_1	车架纵向固定时,链条或钢丝绳 A 张紧后在水平面上的投影与车辆的纵向轴线的夹角(°)	≤10
θ_2		≤10
θ_3	车架横向固定时,链条或钢丝绳 B 张紧后在水平面上的投影与车辆的纵向轴线的夹角(°)	$25 \leqslant \theta_3 \leqslant 45$
γ	车架后部固定时,链条或钢丝绳 C 与水平线的夹角(°)	≤15
β	车架横向固定时,链条或钢丝绳 B 张紧后向下与水平线的夹角(°)	≤20
α	车架纵向固定时,链条或钢丝绳 A 张紧后向下与水平线的夹角(°)	≤25
D_1	枕木垫架的长度(mm)	≥150
D_2	两个系固点的距离(mm)	≥600

说明:

A ~ D——钢丝绳或链条;

E——枕木。

图 C.5　正面撞击试验(驾驶室安装在车辆上)

C.3.2　双A柱撞击试验(试验B)

C.3.2.1　驾驶室安装在车辆上(图C.5)

应挂挡拉驻车制动器,并用楔块楔住前轮,确保在试验中车辆无明显的移动。

C.3.2.2　驾驶室安装在车架上

应保证在试验中车架无明显的移动。

C.3.3　顶部强度试验(试验C)

C.3.3.1　驾驶室安装在车辆上

应挂挡拉驻车制动器,并用楔块楔住前轮,确保在试验中车辆无明显的移动。悬架相关(弹簧、轮胎等)各部件的变形通过应用刚体构件的方式予以消除。

C.3.3.2　驾驶室安装在车架上

应保证在试验中车架无明显的移动。

C.3.4　后围强度试验(试验D)

C.3.4.1　驾驶室安装在车辆上

应挂挡拉驻车制动器,并用楔块楔住前轮,确保在试验中车辆无明显的移动。

C.3.4.2　驾驶室安装在车架上

应保证在试验中车架无明显的移动。

C.4　用于检验生存空间用人体模型

人体模型如图C.6所示,相关尺寸见表C.1。

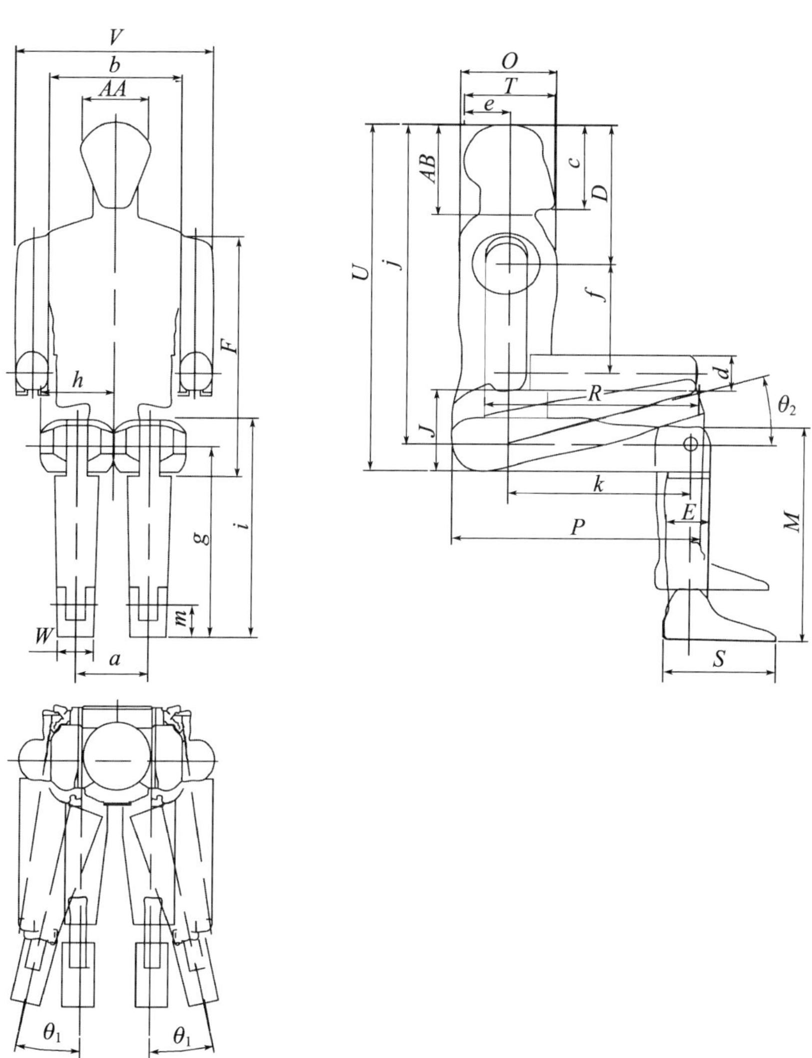

图 C.6 检验生存空间用人体模型

人体模型各部位尺寸　　　　表 C.1

符号	含　义	尺寸	符号	含　义	尺寸
AA	头宽(mm)	153	*a*	髋骨宽(mm)	172
AB	头和颈的总高(mm)	244	*b*	胸宽(mm)	305
D	头顶至肩关节的距离(mm)	359	*c*	头顶至颌的高度(mm)	221
E	下腿侧面宽度(mm)	106	*d*	前臂厚度(mm)	94
F	臀至肩顶的距离(mm)	620	*e*	躯干垂直中心线至头后部的距离(mm)	102
J	肘靠高度(mm)	210	*f*	肩关节至肘关节的距离(mm)	283
M	膝高(mm)	546	*g*	膝关节至地面高度(mm)	505
O	胸厚(mm)	230	*h*	大腿宽(mm)	165
P	臀背至膝的距离(mm)	595	*i*	大腿上表面高度(坐时的)(mm)	565
R	肘至指尖的距离(mm)	490	*j*	头顶至 *H* 点的距离(mm)	819
S	足长(mm)	266	*k*	大腿关节至膝关节的距离(mm)	426
T	头长(mm)	211	*m*	踝关节至地面高度(mm)	89
U	臀至头顶的高度(mm)	900	θ_1	腿部侧向倾角(°)	20
V	肩宽(mm)	453	θ_2	腿部向上倾角(°)	45
W	足宽(mm)	77			

C.5　*H* 点确定

应按照 GB 26512—2011 附录 B 的规定确定 *H* 点。

C.6　三维坐标系

应按照 GB 26512—2011 附录 E 的规定确定三维坐标系。

C.7　有关乘坐位置的基准数据

应按照 GB 26512—2011 附录 F 确定有关乘坐位置的基准数据。

附 录 D
(资料性附录)
载荷布置标识曲线绘制

D.1 载荷布置标识曲线构成

D.1.1 载荷布置标识曲线是以货物质心位置为变量(横坐标)计算最大允许装载质量(纵坐标)的曲线。

D.1.2 载荷布置标识曲线可由3条~5条线段构成。

D.1.3 载荷布置标识曲线下方区域即为实际装载质量与货物总质心位置应坐落的区域。

D.2 曲线计算

D.2.1 力与物理符号

本附录中计算曲线所用到的符号及对应的物理量和单位见表D.1,相关标识如图D.1所示。

注:示例中的车辆货箱有效货物装载长度为7.25m,最大允许装载质量为9000kg。

参 数 定 义　　表D.1

符号	含　义	单位
m_F	车辆整备质量	kg
$VA_{载}$	车辆装载状态下,前轴轴荷	kg
$HA_{空}$	车辆空载状态下,后轴(组)轴荷	kg
$HA_{载}$	车辆装载状态下,后轴(组)轴荷	kg
R	前后轴间距离	m
l_1	车辆空载时,车辆质心位置	m
S	车辆前轴到货箱前壁内侧的距离	m
S_{Lx}	为保证操纵稳定性,转向轴最低载荷	%

续上表

符号	含　义	单位
ST	为保证牵引力,驱动轴最低载荷	%
x	变量,货物质心位置,以货箱前壁内侧为起始零点	m
m_{Lx}	在 x 位置,最大允许装载质量	kg
m_{Lxa}	在曲线“a”中 x 位置,最大允许装载质量	kg
m_{Lxb}	在曲线“b”中 x 位置,最大允许装载质量	kg
m_{Lxd}	在曲线“d”中 x 位置,最大允许装载质量	kg
m_{Lxe}	在曲线“e”中 x 位置,最大允许装载质量	kg

D.2.2　空载状态下车辆质心位置

图 D.1 中空载状态下的车辆质心位置(l_1)根据式(D.1)计算:

$$l_1 = \frac{HA_{空} \cdot R}{m_F} \tag{D.1}$$

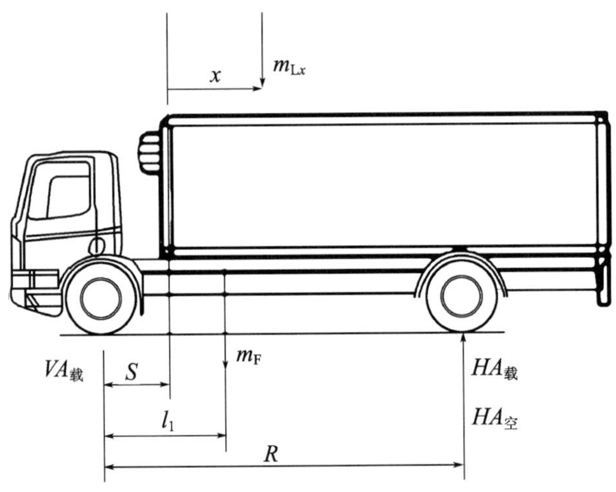

图 D.1　车辆相关参数

D.2.3　前轴最大承载限值曲线“a”

图 D.2 中的前轴最大承载限值曲线“a”根据式(D.2)计算:

$$m_{\mathrm{L}x\mathrm{a}}=\frac{VA_{载}\cdot R-m_{\mathrm{F}}\cdot(R-l_1)}{R-S-x} \tag{D.2}$$

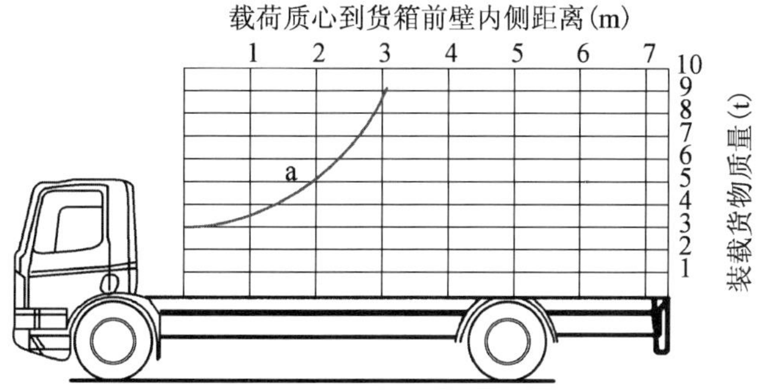

图 D.2　前轴最大承载限值曲线“a”示意图

D.2.4　后轴(组)最大承载限值曲线“b”

图 D.3 中的后轴(组)最大承载限值曲线“b”根据式(D.3)计算:

$$m_{\mathrm{L}x\mathrm{b}}=\frac{HA_{载}\cdot R-m_{\mathrm{F}}\cdot l_1}{S+x} \tag{D.3}$$

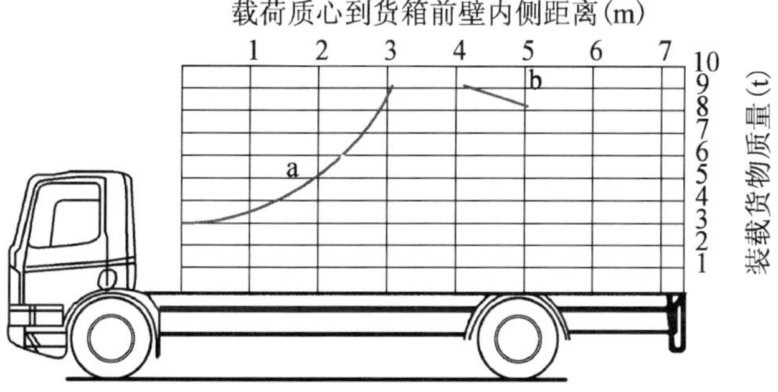

图 D.3　后轴(组)最大承载限值曲线“b”示意图

D.2.5 最大允许装载质量限值曲线“c”

图 D.4 中的最大允许装载质量限值曲线“c”为贯穿曲线“a”与曲线“b”的直线，其纵坐标值为车辆最大允许装载质量。

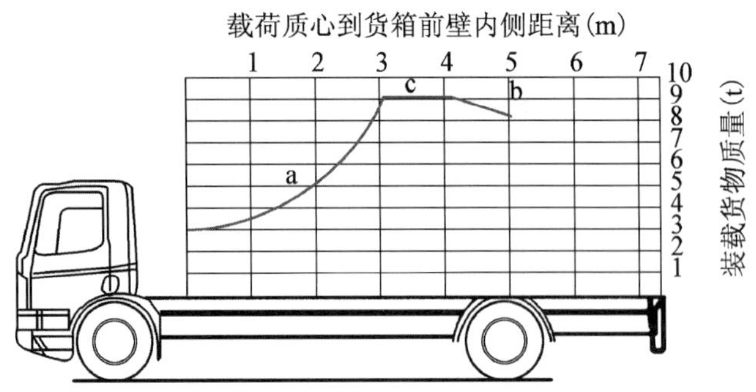

图 D.4 最大允许装载质量限值曲线“c”示意图

D.2.6 转向轴最小载荷曲线“d”

图 D.5 中的转向轴最小载荷曲线“d”根据式(D.4)计算：

$$m_{\mathrm{L}x\mathrm{d}} = \frac{m_{\mathrm{F}} \cdot (R - l_1 - S_{\mathrm{L}x} \cdot R)}{S_{\mathrm{L}x} \cdot R + S + x - R} \tag{D.4}$$

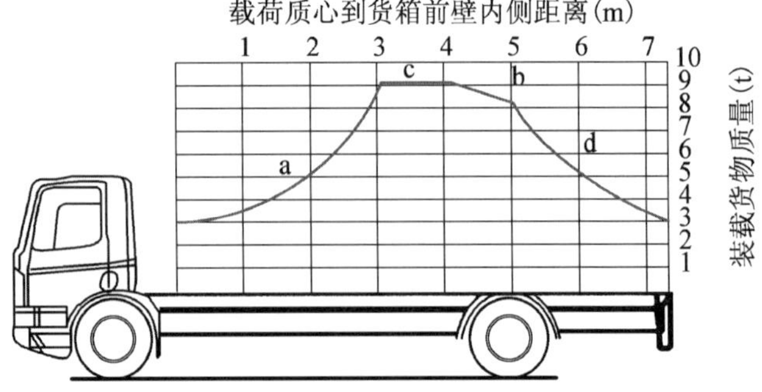

图 D.5 转向轴最小载荷曲线“d”示意图

D.2.7 驱动轴最小载荷曲线“e”

驱动轴最小载荷曲线“e”根据式(D.5)计算,示例车型的载荷布置标识如图 D.6 所示。

$$m_{\mathrm{Lxe}} = \frac{m_{\mathrm{F}} \cdot (ST \cdot R - l_1)}{S + x - ST \cdot R} \tag{D.5}$$

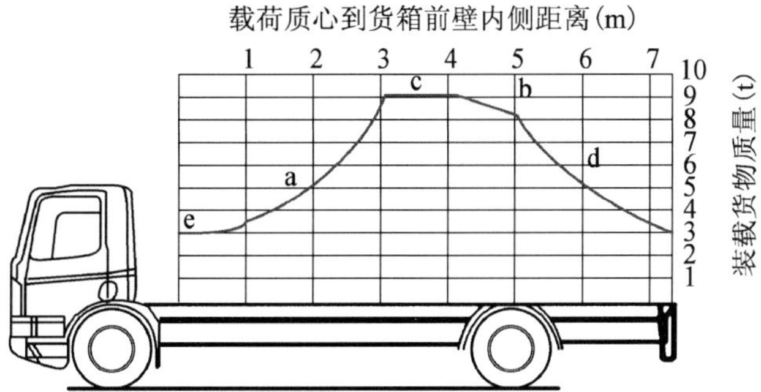

图 D.6 某车型的载荷布置标识示意图

附　录　E
(规范性附录)
车辆系固点的数量、安装位置和强度要求

E.1　系固点的数量与安装位置要求

E.1.1　车辆水平承载面上的系固点

E.1.1.1　系固点的数量应为偶数,且左右对称,应为以下计算结果的最大值:

a)　有效货物装载长度要求(E.1.1.2);

b)　系固点之间的最大距离要求(E.1.1.3);

c)　系固点承载力要求(E.1.1.4)。

E.1.1.2　有效货物装载长度不超过2200mm的车辆,应至少有4个系固点,每侧至少2个;有效货物装载长度超过2200mm的车辆,应至少有6个系固点,每侧至少3个。

E.1.1.3　系固点的布置应满足以下要求:

a)　除了车辆后轴(组)上方的区域外,单侧两个相邻系固点之间的距离不大于1200mm。车辆后轴(组)上方区域,两个相邻系固点之间的距离宜在1200mm左右,但不大于1500mm;

b)　系固点与车辆前墙或后墙的距离不大于500mm;

c)　系固点与车厢内侧或轮罩内侧的距离均不大于250mm,且尽可能小。

E.1.1.4　系固点承载力要求的计算方式为:

a)　最大设计总质量大于3500kg且小于或等于7500kg的车辆,系固点的数量N根据式(E.1)计算:

$$N = \frac{1.5 \times P}{8000} \tag{E.1}$$

b) 最大设计总质量大于7500kg且小于或等于12000kg的车辆,系固点的数量N根据式(E.2)计算:

$$N = \frac{1.5 \times P}{10000} \tag{E.2}$$

式中:P——满载时货物产生的最大惯性力,单位为牛(N),见式(E.3);

N——系固点数量,若N存在小数,则应向上取整。

$$P = mg \tag{E.3}$$

式中:m——最大允许装载质量,单位为千克(kg);

g——加速度,单位为米每二次方秒(m/s^2),通常取$10m/s^2$。

E.1.2 前墙上的系固点

货箱前墙应至少安装2个系固点,系固点以车辆纵向对称平面对称分布,系固点的位置(图E.1)应满足以下要求:

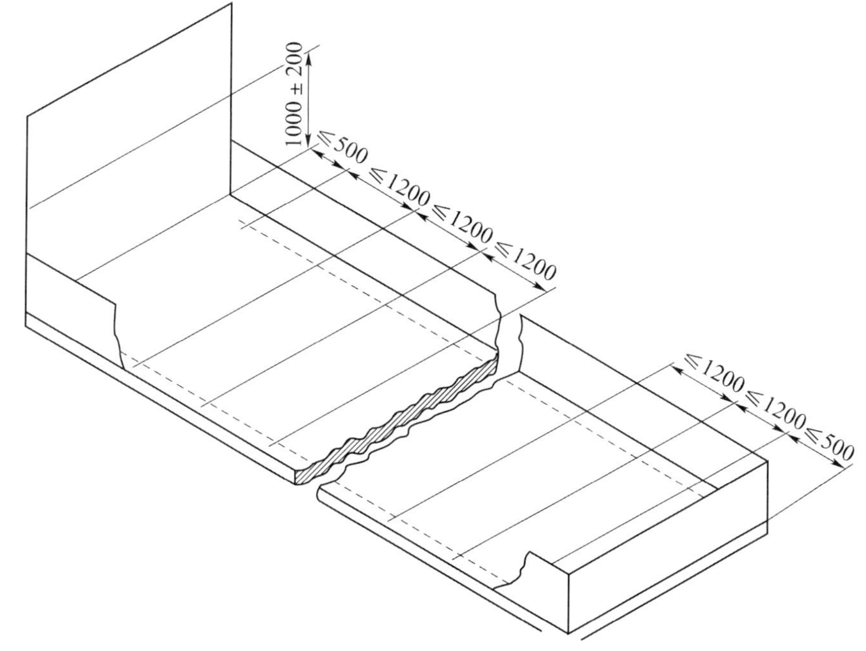

图E.1 系固点布置要求(尺寸单位:mm)

a）系固点距离承载面的垂直距离为1000mm±200mm；

b）系固点到侧墙的距离不超过250mm，且尽可能小。

E.2　系固点的强度要求

E.2.1　承载面上系固点应能将受力传递至车身，且系固点的最低允许拉力应满足表E.1的要求。

车辆最大设计总质量与系固点最低允许拉力对应关系　表E.1

车辆最大设计总质量 m (kg)	系固点的最低允许拉力 (kN)
$3500 < m \leq 7500$	8
$7500 < m \leq 12000$	10

E.2.2　前墙上系固点的最低允许拉力应为10kN。

附件2　国内外货车安全法规/标准目录对照表

一、主动安全性能及配置

（一）国内标准汇总表

主动安全性能及配置国内标准汇总见附表2-1。

主动安全性能及配置国内标准汇总表　　附表2-1

序号	标准号	标准名称
1	GB 4094—2016	汽车操纵件、指示器及信号装置的标志
2	GB 4785—2007	汽车及挂车外部照明和光信号装置的安装规定
3	GB 7063—2011	汽车护轮板
4	GB 7258—2017	机动车运行安全技术条件
5	GB 12676—2014	商用车辆和挂车制动系统技术要求及试验方法
6	GB 16897—2010	制动软管的结构、性能要求及试验方法
7	GB 18565—2016	道路运输车辆综合性能和检验方法
8	GB/T 5620—2002	道路车辆　汽车和挂车　制动名词术语及其定义
9	GB/T 5921—2015	汽车和挂车　气压制动系　部件上接口的识别标记
10	GB/T 5922—2008	汽车和挂车　气压制动装置压力测试连接器技术要求
11	GB/T 6323—2014	汽车操纵稳定性试验方法
12	GB/T 13594—2003	机动车和挂车防抱制动性能和试验方法
13	GB/T 17275—1998	货运全挂车通用技术条件
14	GB/T 22309—2008	道路车辆制动衬片盘式制动块总成和鼓式制动蹄总成剪切强度试验方法

续上表

序号	标准号	标准名称
15	GB/T 22310—2008	道路车辆制动衬片盘式制动衬块受热膨胀量试验方法
16	GB/T 22311—2008	道路车辆制动衬片压缩应变试验方法
17	GB/T 23336—2009	半挂车通用技术条件
18	GB/T 25979—2010	道路车辆　重型商用汽车列车和外商铰接客车横向稳定性试验方法
19	GB/T 26774—2016	车辆运输车通用技术条件
20	GB/T 26778—2011	汽车列车性能要求及试验方法
21	GB/T 30677—2014	轻型汽车电子稳定性控制系统性能要求及试验方法
22	GB/T 32861—2016	道路车辆　牵引车与挂车之间的电气和气动连接位置
23	GB/T 35872—2017	道路甩挂运输车辆技术条件
24	JT/T 389—2010	厢式挂车技术条件
25	JT/T 487—2003	货运挂车气压制动系统　技术要求和试验方法
26	JT/T 488—2003	轿车运输挂车性能试验方法
27	JT/T 510—2004	汽车防抱制动系统检测技术条件
28	JT/T 650—2006	冷藏保温厢式挂车通用技术条件
29	JT/T 808—2011	道路运输车辆卫星定位系统　终端通讯协议及数据格式
30	JT/T 809—2011	道路运输车辆卫星定位系统　平台数据交换
31	JT/T 883—2014	营运车辆行驶危险预警系统　技术要求和试验方法
32	JT/T 884—2014	营运车辆抗侧翻稳定性试验方法　稳态圆周试验
33	JT/T 885—2014	营运半挂车安全性能要求与检测方法
34	GA/T 497—2016	道路车辆智能监测记录系统通用技术条件
35	QC/T 35—2015	汽车和挂车气压控制装置技术要求及台架试验方法
36	QC/T 37—2015	汽车与挂车气压调节保护装置技术要求及台架试验方法
37	QC/T 79. 1—2008	道路车辆牵引车和挂车之间气制动连接用螺旋管总成　第1部分:尺寸

续上表

序号	标 准 号	标 准 名 称
38	QC/T 79.2—2008	道路车辆牵引车在挂车之间气制动连接用螺旋管总成　第 2 部分:性能要求
39	QC/T 237—1997	汽车驻车制动器性能台架试验方法
40	QC/T 239—2015	商用车辆行车制动器技术要求及台架试验方法
41	QC/T 316—2017	汽车行车制动器疲劳强度台架试验方法
42	QC/T 480—1999	汽车操纵稳定性指标限值与评价方法
43	QC/T 649—2013	汽车转向操纵机构性能要求及试验方法
44	QC/T 788—2007	汽车踏板装置性能要求及台架试验方法
45	QC/T 789—2017	汽车电涡流缓速器总成性能要求及台架试验方法
46	QC/T 790—2007	制动气室性能要求及台架试验方法
47	QC/T 912—2013	半挂牵引车与半挂车匹配技术要求
48	QC/T 913—2013	液压悬挂挂车通用技术条件
49	QC/T 958—2013	汽车真空泵性能要求及台架试验方法
50	QC/T 959—2013	机械式驻车制动操纵杆总成性能要求及台架试验方法
51	QC/T 996—2015	汽车空气干燥器技术要求及台架试验方法
52	QC/T 1005—2015	汽车防抱制动系统液压电磁调节器技术要求及台架试验方法
53	QC/T 1006—2015	汽车防抱制动系统气压电磁调节器技术要求及台架试验方法
54	QC/T 1046—2016	商用车辆后置液力缓速器性能要求及台架试验方法

(二)欧洲法规/指令汇总表

主动安全性能及配置欧洲法规/指令汇总见附表 2-2。

主动安全性能及配置欧洲法规/指令汇总表　　附表 2-2

序号	法规/指令号	法规/指令名称
1	ECE R13	就制动方面批准 M 类、N 类和 O 类车辆的统一规定
2	ECE R28	关于批准声响报警装置和就声响信号方面批准机动车的统一规定
3	ECE R48	就照明和光信号装置的安装方面批准车辆的统一规定

续上表

序号	法规/指令号	法规/指令名称
4	ECE R79	就转向装置方面批准车辆的统一规定
5	ECE R89	关于车辆速度限制的统一规定
6	ECE R97	关于其报警系统方面批准车辆报警系统和机动车辆的统一规定
7	ECE R111	就倾翻稳定性方面批准N类和O类罐式机动车的统一规定
8	ECE R123	关于批准机动车辆适应性前照灯(AFS)的统一规定
9	ECE R125	就驾驶员前视野方面批准机动车辆的统一规定
10	ECE R130	道路偏离警示系统(LDWS)
11	ECE R131	紧急制动预警系统(AEBS)
12	70/311/EEC	机动车辆及其挂车的转向装置
13	71/320/EEC	具体某类机动车辆及其挂车的制动
14	75/443/EEC	机动车辆车速表和倒车装置
15	77/389/EEC	机动车辆牵引装置
16	77/649/EEC	机动车辆驾驶员视野
17	92/24/EEC	某类机动车辆限速装置或类似的车载限速系统
18	94/20/EC	机动车辆及其挂车的机械连接装置以及这些装置在车辆上的连接
19	98/91/EC	用于运输危险物品的机动车辆及其挂车
20	2003/97/EC	间接视野装置和安装这类装置车辆的型式批准
21	(EU)2015/562	特定类型车辆的先进紧急制动系统的型式批准

(三)美国法规/标准汇总表

主动安全性能及配置美国法规/标准汇总见附表2-3。

主动安全性能及配置美国法规/标准汇总表 附表2-3

序号	法规/标准号	法规/标准名称
1	FMVSS 105	液压与电子制动系统
2	FMVSS 108	灯具、反射装置及辅助设备
3	FMVSS 114	防盗装置和侧翻防护

续上表

序号	法规/标准号	法规/标准名称
4	FMVSS 121	气压制动系统
5	FMVSS 124	加速器控制系统
6	FMVSS 125	警告装置
7	FMVSS 126	汽车电子稳定控制系统
8	FMVSS 136	重型车辆电动稳定控制系统
9	FMVSS 138	轮胎气压监控系统
10	SAE J 10—2013	汽车和非道路车辆气制动储气罐性能要求和识别要求
11	SAE J 257—2011	载货车和客车制动器额定功率要求
12	SAE J 294—2015	GVWR 大于4500公斤(10000lb)车辆的行车制动器总成试验规程
13	SAE J 299—2009	制动距离试验规程
14	SAE J 695—2011	机动车辆的转向能力和跑偏
15	SAE J 774—2011	紧急警报装置及其防护壳
16	SAE J 880—2011	商用车制动系评定试验规范
17	SAE. J 1059—2011	车速表试验规程
18	SAE J 1383—2010	机动车前照灯性能要求
19	SAE J 1404—2014	行车制动器结构完整性－载货车和客车
20	SAE J 1469—2009	载货车牵引车、大客车、挂车气制动促动器试验规程
21	SAE J 1505—2011	商用车制动力分配试验规程
22	SAE J 1626-1—2009	气制动的货车牵引车制动性能、稳定性和控制性能试验规程
23	SAE J 1626—2012	气制动的货车牵引车制动性能、稳定性和控制性能试验规程
24	SAE J 2246—2014	防抱制动系统评价
25	SAE J 2399—2014	运行控制(ACC)操作特性和用户界面
26	SAE J 2536—2011	公路使用商用车ABS道路试验评估规程
27	SAE J 2591—2008	自适应前照明系统
28	SAE J 2604—2007	气制动控制系统推荐试验规程
29	SAE J 2625—2008	道路车辆紧急制动试验规程

续上表

序号	法规/标准号	法规/标准名称
30	SAE J 2673—2014	客车和货车轮胎直线制动试验
31	SAE J 2802—2015	盲点监视系统(BSMS)操作特性与用户界面
32	SAE J 2806—2009	行车制动系统车外制动试验气制动、液压制动和机械制动试验
33	SAE J 2838—2013	全自适应前照明系统
34	SAE J 2848 -2—2011	中重型车胎压维护系统
35	SAE J 2848 -3—2012	中重型车辆胎压管理系统类型(CTIS)

(四)日本标准汇总表

主动安全性能及配置日本标准汇总见附表2-4。

主动安全性能及配置日本标准汇总表　　附表2-4

序号	标 准 号	标 准 名 称
1	JIS D0021—1998	汽车驾驶员视野
2	JIS D0801—2012	道路车辆 - 自适应巡航控制系统 - 性能要求和试验规程
3	JIS D0804—2007	智能交通系统 - 车道偏离报警系统 - 性能要求和试验规程
4	JIS D0805—2010	智能交通系统 - 车道变换确定辅助系统 - 性能要求和试验规程
5	JIS D0806—2011	智能交通系统 - 低速跟踪系统 - 性能要求和试验规程
6	JIS D0807—2011	智能交通系统 - 速度自适应巡航系统 - 性能要求和试验规程
7	JIS D1013—1993	汽车制动试验方法
8	JIS D1025—1985	汽车最小转弯半径试验规程
9	JASO B006—2008	道路车辆 - 胎压监测系统 - 车辆试验规程
10	JASO C404—1999	载货车和大客车 - 行车制动器道路试验规程
11	JASO C407—2000	载货车和大客车 - 制动装置 - 测功机试验规程
12	JASO C420—2005	载货车和大客车 - 行车制动器结构整体性试验规程
13	JASO C421—2005	载货车和大客车 - 行车制动器结构整体性测功机试验规程
14	JASO C439—2002	应急制动器道路试验规程
15	JASO C466—2004	道路车辆 - 制动距离试验规程

(五)澳洲法规/标准汇总表

主动安全性能及配置澳洲法规/标准汇总见附表2-5。

主动安全性能及配置澳洲法规/标准汇总表 附表2-5

序号	法规/标准号	法规/标准名称
1	ADR 14	后视镜
2	ADR 18	车速表
3	ADR 35	商用车制动系统
4	ADR 65	重型货车和重型公共汽车的最高车速限制装置

(六)国际标准化组织/道路车辆技术委员会标准汇总表

主动安全性能及配置国际标准化组织/道路车辆技术委员会(ISO/TC 22)标准汇总见附表2-6。

主动安全性能及配置ISO/TC 22标准汇总表 附表2-6

序号	标准号	标准名称
1	ISO 6310:2009	道路车辆 制动衬片 压缩应力试验方法
2	ISO 6311:1980	道路车辆 制动衬片 衬片材料的内抗剪强度试验规程
3	ISO 6312:2010	道路车辆 制动衬片 盘式制动块和鼓式制动蹄总成的剪切试验规程
4	ISO 6313:1980	道路车辆 制动衬片 盘式制动块尺寸和形状的热效应试验规程
5	ISO 6314:1980	道路车辆 制动衬片 耐水、耐盐溶液、耐油和耐制动液性能试验规程
6	ISO 6315:1980	道路车辆 制动衬片 锈蚀引起的衬片铁质结合面的黏结试验规程
7	ISO 6597:2005	道路车辆 机动车液压制动系统(包括带有电子控制功能的液压制动系统)试验规程
8	ISO 7401:2011	道路车辆 横向瞬时响应试验方法开环试验方法

续上表

序号	标 准 号	标 准 名 称
9	ISO 7635:2006	道路车辆　机动车气制动系统和气/液压制动系统(包括带有电子控制功能的制动系统)试验规程
10	ISO 9815:2010	道路车辆　乘用车和挂车列车　横向稳定性
11	ISO 11012:2009	重型商用车和大客车　中心操作量化开环试验方法　迂回试验和瞬时试验
12	ISO 12161:2006	道路车辆　机动车和挂车　缓速制动系统试验规程
13	ISO 13674-1:2010	道路车辆　中心量化控制试验方法　第1部分:摇摆试验
14	ISO 13674-2:2006	道路车辆　中心量化控制试验方法　第2部分:转换试验
15	ISO 14791:2000	道路车辆　重型商用车列车和铰接客车　横向稳定性试验方法
16	ISO 14792:2011	道路车辆　重型商用车和客车　稳态圆周试验
17	ISO 14793:2011	道路车辆　重型商用车和客车　横向瞬时响应试验方法
18	ISO 14794:2011	重型商用车和客车　转弯制动开环试验方法
19	ISO 16234:2006	重型商用车辆和客车　在具有两种不同摩擦系数的路面上进行的正前方制动开路试验规程
20	ISO 16333:2011	重型商用车和客车　稳态翻滚极限　侧翻台试验法
21	ISO 16552:2014	重型商用车和大客车 ABS　直线行驶制动距离　开环和闭环
22	ISO 20918:2007	道路车辆　装有气制动系统的重型商用车列车的制动压力阈值　制动转鼓试验
23	ISO 21069-1:2004	道路车辆　最大允许总质量大于3.5t车辆制动系统翻滚试验台试验　第1部分:气压制动系统
24	ISO 21069:2008	道路车辆　最大允许总质量大于3.5t车辆制动系统翻滚试验台试验　第2部分:气顶液和纯液压制动系统
25	ISO 6469-1:2009	电动道路车辆　安全规范　第1部分:车载可充电蓄能系统
26	ISO 6469-3:2011	电动道路车辆　安全规范　第3部分:人身防电击保护
27	ISO 7401:2011	道路车辆　横向瞬态响应试验方法　开环试验方法

(七)全球技术法规(GTR)汇总表

主动安全性能及配置全球技术法规(GTR)汇总见附表 2-7。

主动安全性能及配置全球技术法规(GTR)汇总表　　附表 2-7

序号	法 规 号	法 规 名 称
1	GTR 8	电子稳定控制系统

二、被动安全性能及配置

(一)国内标准汇总表

被动安全性能及配置国内标准汇总见附表 2-8。

被动安全性能及配置国内标准汇总表　　附表 2-8

序号	标 准 号	标 准 名 称
1	GB 7258—2017	机动车运行安全技术条件
2	GB 8410—2006	汽车内饰材料的燃烧特性
3	GB 9656—2003	汽车安全玻璃
4	GB 11550—2009	汽车座椅头枕性能要求和试验方法
5	GB 11557—2011	防止汽车转向机构对驾驶员伤害的规定
6	GB 11567—2017	汽车及挂车侧面和后下部防护要求
7	GB 14166—2013	机动车成年成员用安全带、约束系统、儿童约束系统和 ISOFIX 儿童约束系统
8	GB 14167—2013	汽车安全带安装固定点、ISOFIX 固定点系统及上拉带固定点
9	GB 15083—2006	汽车座椅、座椅固定装置及头枕强度安求和试验方法
10	GB 15086—2013	汽车门锁及车门保持件的性能要求和试验方法
11	GB 17675—1999	汽车转向系基本要求
12	GB 18565—2016	道路运输车辆综合性能要求和检验方法
13	GB 20071—2006	汽车侧面碰撞的乘员保护

续上表

序号	标准号	标准名称
14	GB 20182—2006	商用车驾驶室外部凸出物
15	GB 21861—2014	机动车安全技术检验项目和方法
16	GB 26511—2011	商用车前下部防护要求
17	GB 26512—2011	商用车驾驶室乘员保护
18	GB 27887—2011	机动车儿童乘员用约束系统
19	GB/T 19949—2005	道路车辆安全气囊部件
20	GB/T 24550—2009	汽车对行人的碰撞保护
21	GB/T 26780—2011	压缩天然气汽车燃料系统碰撞安全要求
22	GB/T 31498—2015	电动汽车碰撞后安全要求

(二)欧洲法规/指令汇总表

被动安全性能及配置欧洲法规/指令汇总见附表2-9。

被动安全性能及配置欧洲法规/指令汇总表　　附表2-9

序号	法规/指令号	法规/指令名称
1	70/221/EEC	机动车辆及其挂车液体燃料箱和后防护装置
2	70/387/EEC	机动车辆车门及其门铰链
3	74/60/EEC	机动车辆内饰件(除车内后视镜、操纵件、车顶或滑动车顶、座椅靠背及其后部部件以外的乘客舱内部部件)
4	741297/EEC	机动车辆发生碰撞时转向机构的性能
5	74/408/EEC	机动车辆座椅及其固定点强度
6	74/483/EEC	机动车辆外部凸出物
7	76/115/EEC	机动车辆安全带固定点
8	77/541/EEC	机动车辆安全带及约束系统
9	78/932/EEC	机动车辆座椅头枕
10	89/297/EEC	某类机动车辆及其挂车侧面防护
11	92/114/EEC	N类机动车辆驾驶室后挡板前的外部凸出物
12	95/28/EC	某类机动车辆内部结构所用材料的燃烧特性

续上表

序号	法规/指令号	法规/指令名称
13	96179/EC	机动车辆在发生正面碰撞时的乘员保护
14	96/27/EC	机动车辆在发生侧碰撞时的乘员保护
15	2000/40/EC	机动车辆的前下防护
16	(EC) 78/2009	对行人及其他易受伤害的道路使用者保护
17	ECE R11	关于就门锁和车门保持件方面批准车辆的统一规定
18	ECE R12	关于就碰撞中防止转向机构伤害驾驶员方面批准车辆的统一规定
19	ECE R14	关于就安全带固定方面批准车辆的统一规定
20	ECE R16	关于批准Ⅰ 机动车成年乘客用安全带和约束系统,Ⅱ 装有安全带的车辆的统一规定
21	ECE R17	关于就座椅、座椅固定点和头枕方面批准车辆的统一规定
22	ECE R21	关于就内饰件方面批准车辆的统一规定
23	ECE R25	关于批准与车辆座椅一体或非一体的头枕的统一规定
24	ECE R26	关于就外部突出物方面批准车辆的统一规定
25	ECE R29	关于就商用车辆驾驶室乘员防护方面批准车辆的统一规定
26	ECE R32	关于就追尾碰撞中被撞车辆的结构特性方面批准车辆的统一规定
27	ECE R33	关于就正面冲撞中被撞的结构特性方面批准车辆的统一规定
28	ECE R42	关于就车辆前、后保护装置(保险杠等)批准车辆的统一规定
29	ECE R44	关于批准机动车儿童乘客约束装置(儿童约束系统)的统一规定
30	ECE R58	关于Ⅰ 批准后下部防护装置 ,Ⅱ 就已批准的后下部防护装置的安装方面批准车辆,Ⅲ 就后下部防护装置方面批准车辆的统一规定
31	ECE R61	关于就驾驶室后挡板的前向外部突出物方面批准商用车的统一规定
32	ECE R73	关于就侧面防护方面批准货车、挂车和半挂车的统一规定
33	ECE R93	关于Ⅰ 批准前下部防护装置,Ⅱ 就已批准型式的前下部防护装置的安装方面批准车辆, Ⅲ 就前下部防护方面批准车辆的统一规定

续上表

序号	法规/指令号	法规/指令名称
34	ECE R94	关于就前碰撞中乘员防护方面批准车辆的统一规定
35	ECE R95	关于就侧碰撞中乘员防护方面批准车辆的统一规定
36	ECE R114	关于批准Ⅰ 代替气囊系统的气囊组件Ⅱ 装有已通过认证的气囊组件的可替换方向盘,Ⅲ 非安装在转向盘上的可替换气囊系统的统一规定
37	ECE R118	关于批准:用于某些类型机动车辆内部结构的材料的燃烧特性的统一技术规定
38	ECE R129	增强儿童约束系统(ECRS)
39	ECE R131	紧急制动系统(AEBS)
40	ECE R135	侧面柱碰撞(PSI)
41	ECE R137	约束系统的正面碰撞

(三)美国法规/标准汇总表

被动安全性能及配置美国法规/标准汇总见附表2-10。

被动安全性能及配置美国法规/标准汇总表　　附表2-10

序号	法规/标准号	法规/标准名称
1	FMVSS 201	乘员在车内碰撞时的防护
2	FMVSS 202	头枕
3	FMVSS 203	驾驶员免受转向控制系统伤害的碰撞保护
4	FMVSS 204	转向控制装置的向后位移
5	FMVSS 205	玻璃材料
6	FMVSS 206	车门锁及车门固定组件
7	FMVSS 207	座椅系统
8	FMVSS 208	乘员碰撞保护
9	FMVSS 209	座椅安全带总成
10	FMVSS 210	座椅安全带总成固定点
11	FMVSS 212	风窗玻璃的安装

续上表

序号	法规/标准号	法规/标准名称
12	FMVSS 213	儿童约束系统
13	FMVSS 214	侧碰撞保护
14	FMVSS 219	风窗玻璃区的干扰
15	FMVSS 223	后碰撞保护
16	FMVSS 224	后碰撞保护
17	FMVSS 225	儿童约束系统固定点
18	FMVSS 301	燃料系统的完整性
19	FMVSS 302	汽车内饰材料的燃烧特性
20	FMVSS 303	压缩天然气车辆燃料系统的完整性
21	FMVSS 304	压缩天然气车辆燃料箱的完整性

(四)日本法规汇总表

被动安全性能及配置日本法规汇总见附表2-11。

被动安全性能及配置日本标准汇总表　　附表2-11

序号	法 规 号	法 规 名 称
1	11－1－11	第11条 转向系
2	11－1－14	第14条 悬架系统
3	11－1－18	第18条 车架和车身
4	11－1－18－2	第18－2条 侧面行人保护装置
5	11－1－20	第20条 乘员舱
6	11－1－22	第22条 座椅
7	11－1－22－3	第22－3条 座椅安全带
8	11－1－22－4	第22－4条 头部约束系统
9	11－1－22－5	第22－5条 儿童约束系统
10	11－1－23	第23条 通道
11	11－1－24	第24条 站立空间

续上表

序号	法规号	法规名称
12	11 - 1 - 25	第 25 条 入口
13	11 - 1 - 26	第 26 条 紧急出口
14	11 - 1 - 29	第 29 条 车窗玻璃
15	11 - 1 - 44	第 44 条 后视镜
16	11 - 1 - 71	第 71 条 车身

(五)澳洲法规汇总表

被动安全性能及配置澳洲法规汇总见附表 2-12。

被动安全性能及配置澳洲法规/标准汇总表　　附表 2-12

序号	法规号	法规名称
1	ADR 2	门锁及门铰链
2	ADR 3	座椅及座椅固定点
3	ADR 4	安全带
4	ADR 5	安全带固定点
5	ADR 8	安全玻璃
6	ADR 10	转向柱
7	ADR 11	遮阳板
8	ADR 22	头枕
9	ADR 29	侧门强度
10	ADR 32	重型车用安全带
11	ADR 34	儿童约束系统固定点和儿童约束系统固定点的安装
12	ADR 69	正面碰撞的乘员保护
13	ADR 72	侧面碰撞的乘员保护
14	ADR 73	正面偏置碰撞的乘员保护

(六)国际标准化组织/道路车辆技术委员会标准汇总表

被动安全性能及配置国际标准化组织/道路车辆技术委员会(ISO/TC 22)标准汇总见附表 2-13。

被动安全性能及配置 ISO/TC 22 标准汇总表　　附表 2-13

序号	标 准 号	标 准 名 称
1	ISO/TR 1417：1974	汽车安全带固定点
2	ISO 3560:2013	道路车辆　正面固定屏蔽或柱撞试验规程
3	ISO 3784:1976	道路车辆　碰撞试验中碰撞速度的测量
4	ISO/TR 7861 :2003	道路车辆　评估正面碰撞乘员防护用伤害曲线
5	ISO 7862:2004	道路车辆　通过模拟正面碰撞评价约束系统的台车试验规程
6	ISO/TR 10982:2013	道路车辆　评价偏离乘坐位置的乘员与展开的安全气囊间相互作用的试验规程
7	ISO 10997：1996	乘用车　可变形移动障碍侧碰撞试验规程　实车试验
8	ISO 11096:2011	道路车辆　行人保护　行人大腿、小腿和膝盖碰撞试验方法
9	ISO 12097 - 1 :2002	逅路车辆　气囊部件　第 1 部分:词汇
10	ISO 12097 - 2:1996	道路车辆　气囊部件　第 2 部分:气囊模块试验方法
11	ISO 12097 - 3:2002	道路车辆　气囊部件　第 3 部分:充气装置总成试验
12	ISO/TR 12349 - 1:2015	边路车辆　约束系统试验用假人　第 1 部分:成人假人
13	ISO/TR 12349 - 2:2015	道路车辆　约束系统试验用假人　第 2 部分:儿童假人
14	ISO/TR 12350:2013	道路车辆　侧碰撞试验中评价乘员保护性能的伤害风险曲线
15	ISO/TR 12351:1999	道路车辆　碰撞试验中头部接触及持续时间的确定
16	ISO 12353 - 1:2002	道路车辆　交通事故分析　第 1 部分:词汇
17	ISO 12353 - 2:2003	道路车辆　交通事故分析　第 2 部分:碰撞严重程度法使用指南
18	ISO/TR 12353 - 3:2013	道路车辆　交通事故分析　第 3 部分:确定碰撞严重性的碰撞脉冲数据解释指南
19	ISO/TR 13214:1996	道路车辆　儿童约束系统标准与法规的编辑
20	ISO 13215 - 1:2006	远路车辆　降低儿童约束系统误操作风险第 1 部分:研究用表格
21	ISO 13215 - 2:1999	道路车辆　降低儿童约束系统误操作风险第 2 部分:正确安装的要求和试验程序
22	ISO 13215 - 3:1999	道路车辆　降低儿童约束系统误操作风险第 3 部分:利用误操作模式和效果分析(MMEA) 进行误操作预报和评估

续上表

序号	标准号	标准名称
23	ISO 13216－1:1999	道路车辆　儿童约束系统用固定装置及与固定装置的安装　第1部分:座椅锁眼固定和安装装置
24	ISO 13216－2:2004	道路车辆　儿童约束系统用固定装置及与固定装置的安装　第2部分:上部固定装置和安装
25	ISO 13216－3:2006	道路车辆　儿童约束系统用固定装置及与固定装置的安装　第3部分:儿童约束系统的分类和在车内占有的空间
26	ISO 13218:1998	道路车辆　儿童约束系统涉及儿童成员的事故报告格式
27	ISO/TR 13219: 1995	道路车辆　由肩带负荷引起的与Hybrid Ⅲ 型假人胸部变形相关的胸部伤害风险
28	ISO/TR 13330:2013	道路车辆　后碰撞事故中颈部伤害指数计算过程
29	ISO/PAS 13396:2009	道路车辆　评估儿童约束系统侧碰防护的滑车试验方法基本参数
30	ISO/TS 13499:2014	道路车辆　碰撞试验多媒体数据交换格式
31	ISO 14451－1:2013	烟火装置　车用烟火装置　第1部分:术语
32	ISO 14451－2:2013	烟火装置　车用烟火装置　第2部分:试验方法
33	ISO 14451－3:2013	烟火装置　车用烟火装置　第3部分:标签
34	ISO 14451－4:2013	烟火装置　车用烟火装置　第4部分:微小气体发生器的分类和1性能要求
35	ISO 14451－5:2013	烟火装置　车用烟火装置　第5部分:气囊气体发生器的性能要求和分类
36	ISO 14451－6:2013	烟火装置　车用烟火装置　第6部分:气囊模块的分类和性能要求
37	ISO 14451－7:2013	烟火装置　车用烟火装置　第7部分:安全带预紧器的分类和性能要求
38	ISO 14451－8:2013	烟火装置　车用烟火装置　第8部分:点火器的分类和性能要求
39	ISO 14451－9:2013	烟火装置　车用烟火装置　第9部分:执行器的分类和性能要求
40	ISO 14451－10:2013	烟火装置　车用烟火装置　第10部分:半成品的分类和性能要求

续上表

序号	标准号	标准名称
41	ISO 14513 :2006	道路车辆　行人保护头部碰撞试验方法
42	ISO/TR 14645 :20 15	道路车辆　评价儿童约束装置与展开的安全气囊间相互作用的试验规程
43	ISO/TR 14646:2007	道路车辆　儿童约束系统侧碰撞试验对背景资料和试验方法的回顾以及截至2005年11月1SO相关工作的总结
44	ISO/TR 14933:2012	道路车辆　乘员与侧面安全气囊干涉的试验规程
45	ISO/TR 15766:2000	道路车辆　行人保护　行人大腿试验装置生物仿真度评估指标
46	ISO/TS 15827:2007	道路车辆　试验规程　对小型女性假人的上臂和前臂与驾驶员侧正面安全气囊和侧面安全气囊间相互作用的评价
47	ISO 15828:2004	道路车辆　正面偏置碰试验规程
48	ISO 15829:2013	道路车辆　用杆碰撞模拟评估乘员与侧安全气囊相互干涉的侧碰试验规程
49	ISO 15830 - 1:2013	道路车辆　WorldSID第50百分位男性侧碰假人设计和性能要求　第1部分:定义和基本原理
50	ISO 15830 - 2:2013	道路车辆　WorldSID第50百分位男性侧碰假人设计和性能要求　第2部分:机械系统
51	ISO 15830 - 3:2013	道路车辆　WorldSID第50百分位男性侧碰假人设计和性能要求　第3部分:电气子系统
52	ISO 15830 - 4:2013	道路车辆　WorldSID第50百分位男性侧碰假人设计和性能要求　第4部分:用户手册
53	ISO/TR 16250:2013	道路车辆　动态试验客观评价指标
54	ISO 16850:2007	道路车辆　行人保护　儿童头部碰撞试验方法
55	ISO/TS 17242:2014	安全带力传感器准静态校正程序
56	ISO 17373 :2005	道路车辆　评价低速后碰撞中乘员头部和颈部与座椅/头枕间相互作用的台车试验方法
57	ISO 17949:2013	道路车辆碰撞试验规程　假人安放和定位规程　前外方部world50百分位男性侧碰假人用规程
58	ISO/TS 22239 - 1 :2009	道路车辆　儿童座椅存在和方位探测系统(CPOD)　第1部分:技术要求和试验方法
59	ISO/TS 22239 - 2:2009	道路车辆　儿童座椅存在和方位探测系统(CPOD)　第2部分:Resonator技术条件
60	ISO/TS 22239 - 3:2009	道路车辆　儿童座椅存在和方位探测系统(CPOD)　第3部分:标签

续上表

序号	标准号	标准名称
61	ISO/TS 22240:2008	道路车辆　车辆安全信息(VS1M)
62	ISO 27956 :2009	道路车辆　厢式货车货物　安全性能要求和试验方法
63	ISO/TR 27957:2008	道路车辆　假人试验装置温度测量　温度传感器位置的定义
64	ISO 29061－1:2010	道路车辆　儿童约束系统及其与车辆固定系统安装接口可用性评估的方法和标准　第1部分:装备1SOFIX I固定的儿童约束系统和车辆
65	ISO/TS 29062:2009	道路车辆　儿童约束系统评估侧碰防护的滑车试验方法
66	ISO/TS 18506:2014	构建评估碰撞试验中路面使用者伤害曲线的规程

(七)全球技术法规(GTR)汇总表

被动安全性能及配置全球技术法规(GTR)汇总见附表2-14。

被动安全性能及配置全球技术法规(GTR)汇总表　附表2-14

序号	法规号	法规名称
1	GTR1	关于车门锁和车门保持件的全球技术法规
2	GTR6	用于机动车辆及机动车辆装备的安全玻璃材料
3	GTR7	头枕
4	GTR9	行人保护
5	GTR14	侧面柱碰撞

三、载荷布置与系固点

(一)国内标准汇总表

载荷布置与系固点国内标准汇总见附表2-15。

载荷布置与系固点国内标准汇总表　附表2-15

序号	标准号	标准名称
1	JT/T 882—2014	道路甩挂运输货物装载与栓固技术要求

(二)欧洲法规/指令汇总表

载荷布置与系固点欧洲法规/指令汇总见附表2-16。

载荷布置与系固点欧洲法规/指令汇总表　　　　附表2-16

序号	法规/指令号	法规/指令名称
1	BS EN 12640—2001	道路货物运输安全——货运车辆系固点——最低要求与测试方法

四、营运安全管理要求

(一)国内标准汇总表

营运安全管理要求国内标准汇总见附表2-17。

营运安全管理要求国内标准汇总表　　　　附表2-17

序号	标 准 号	标 准 名 称
1	GB 1589—2016	汽车、挂车及汽车列车外廓尺寸、轴荷及质量限值
2	GB 7258—2017	机动车运行安全技术条件
3	GB 18565—2016	道路运输车辆综合性能和检验方法
4	GB 19151—2003	机动车用三角警告牌
5	GB/T 19056—2012	汽车行驶记录仪
6	GB/T 24551—2009	汽车安全带提醒装置
7	JT/T 794—2011	道路运输车辆卫星定位系统 车载终端技术要求
8	JT/T 808—2011	道路运输车辆卫星定位系统 终端通讯协议及数据格式

(二)欧洲法规/指令汇总表

营运安全管理要求欧洲法规/指令汇总见附表2-18。

营运安全管理要求欧洲法规/指令汇总表　　　　附表2-18

序号	法规/指令号	法规/指令名称
1	ECE R16	ECE R16 关于批准 Ⅰ机动车乘员安全带、约束系统、儿童约束系统和ISOFIX儿童约束系统 Ⅱ车辆安装安全带、安全带提示器,约束系统、儿童约束系统和ISOFIX儿童约束系统的统一规定

续上表

序号	法规/指令号	法规/指令名称
2	ECE R27	关于批准三角警告牌的统一规定
3	78/316/EEC	机动车辆操纵件、信号装置和指示器的识别
4	78/549/EEC	机动车辆护轮板

(三)美国法规/标准汇总表

营运安全管理要求美国法规/标准汇总见附表2-19。

营运安全管理要求美国法规/标准汇总表　　附表2-19

序号	法规/标准号	法规/标准名称
1	SAE J 683—2011	轮胎防滑链间隙——载货车,大客车和车辆列车(郊区客车,城间客车和公共汽车除外)
2	SAE J 1698—2014	事故数据记录仪

(四)日本标准汇总表

营运安全管理要求日本标准汇总见附表2-20。

营运安全管理要求日本标准汇总表　　附表2-20

序号	标 准 号	标 准 名 称
1	JIS D4241—2000	道路车辆——轮胎防滑链

(五)国际标准化组织/道路车辆技术委员会标准汇总表

营运安全管理要求国际标准化组织/道路车辆技术委员会ISO/TC 22标准汇总表见附表2-21。

营运安全管理要求ISO/TC 22标准汇总表　　附表2-21

序号	标 准 号	标 准 名 称
1	ISO 3864.1—2011	图形符号　安全色和安全标志　第1部分:安全标志和安全标记的设计原则

参 考 文 献

[1] FILDES B, KEALL M, BOS N, et al. Effectiveness of low speed autonomous emergency braking in real-world rear-end crashes [J]. Accident Analysis & Prevention, 2015, 81: 24-29.